KB025802

월급은 150만 원이지만
연봉은 블로그로
1억입니다

월급은 150만 원이지만

연봉은 블로그로 1억 입니다

재테크하는제인 **지음**

- 네이버 이달의 블로그
- 블로그 구독자 6.8만 명
- 블로그 누적 조회 수 3,500만 회
- 블로그 수익화 인기 강사

상위 1% 네이버 인플루언서가 공개하는

(경제·비즈니스 분야)

블로그 수익화 절대법칙

RADIO BOOK

차
례

Lifelog.
Blog

CHAPTER 3. 블로그가 돈이 되는 과정 이해하기

CHAPTER 4. 초급 코스(월 50만 원 벌기) :
돈이 되는 글쓰기를 위한 기초 다지기

CHAPTER 5. 중급 코스(두 번째 월급 받기) :
의미 있는 수익 만드는 블로그 실전 노하우

CHAPTER 6. 고급 코스(연봉 1억 만들기) :
탄탄한 브랜딩으로 상위 1% 블로거 되는 방법

Lifelog.
Blog

CHAPTER 7. 본업보다 더 버는 부업 롱런하는 법

CHAPTER 8. 블로그 마케팅 실전 성공 사례

시작은
아주 작은 계기였습니다

월세 20만 원짜리 집, 월급 150만 원 받는 계약직, 33살에 결혼해 임신도 미뤄야 할 정도로 팍팍했던 나의 삶을 블로그가 바꿔주었습니다.

"안녕하세요. 재테크하는제인입니다."

늘 블로그 첫머리에 들어가는 이 인사를 정하기까지 참 많은 시행착오를 겪었습니다.

평범한 주부가 인플루언서가 되는 과정에서 수많은 고민과 노력이 있었지만 그중에서도 가장 중요한 것은 나 자신을 속이지 않는 성실과 신뢰였습니다. '재테크하는제인', 이 이름 자체가 나를 드러내는 가장 확실한 아이덴티티였고 이 단어만으로도 많은 사람을 움직일 수 있는 브랜딩이었기 때문입니다.

20대에는 뮤지컬에 빠져 물 쓰듯 월급을 흘려보냈고 30대에 결혼하면서 탄탄하던 직장도 버리고 타 지역으로 이사 와 계약직으로 새롭게 시작했던 제 인생은 결핍을 극복하기 위한 몸부림 속에서 다시 태어났다고 해도 무방합니다.

그러나 연봉 1억 블로거, 경제·비즈니스 분야 상위 1% 블로거, 구독자 6.4만 명의 인플루언서, 이 화려한 수식어를 가진 제 블로그의 시작은 아주 작은 계기였습니다. 그저 작은 월급으로 현실을 사는 것이 팍팍해 조금이나마 돈을 더 벌 수는 없을까 생각했던 것이 그 시작이었습니다.

월세 20만 원짜리 집, 150만 원 월급으로 생활하는 계약직, 늦깎이 결혼이었지만 넉넉지 않은 수입에 아이마저 미뤄야 했던 제 상황은 누가 봐도 그리 좋지 못했습니다. 그러던 차에 우연히 어느 카페에서 블로그로도 부수입을 얻을 수 있는 방법이 있다는 것을 보고 오래전 뮤지컬 후기를 일기처럼 적었던 케케묵은 아이디를 다시 로그인했습니다. 그때의 그 호기심과 간절한 마음이 아직도 생생하게 기억이 납니다.

가진 것이 없었기에 하루에 천 원을 벌어도 행복했고 내가 하는 만큼 성과가 나오기에 밤잠 설치며 매일 글을 써도 피곤한 줄 몰랐습니다. 그 일을 꾸준히 3년을 했더니 어느덧 30평대 아파트를 사고, 남들이 부러워하는 연봉 1억 인플루언서라는 직함도 얻게 됐습니다.

그래서 저는 이런 분들께 이 책을 권합니다.

1. 현재 수입이 불만족스러운 분
2. 무언가 새로운 일에 도전하고 싶은데 시작이 막막한 분
3. 일정한 시간에 맞춰 일을 하기 힘든 분
4. 블로그는 있으나 수입이 미미한 분
5. 확실한 브랜딩으로 수익화에 성공하고 싶은 분

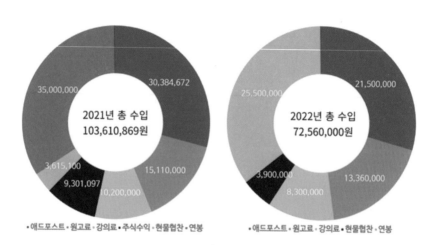

<재테크하는제인 2021~2022년 연수입(단위 : 원)>

2019년 10월 제 블로그 첫 수입은 월 1만 661원이었습니다. 하지만 본격적으로 블로그를 시작한지 3년 만에 연수입 1억을 돌파했습니다. 2022년에는 출산과 육아로 수입이 줄어들었지만 아이를 키운다고 마냥 집에서 손 놓고 있지 않으니 하루에 적은 시간을 투입해도 약 7,256만 원의 수입을 거둘 수 있었습니다.

오히려 집에서 육아하는 주부의 심정을 알게 되면서 더더욱 주변에 부업으로 블로그를 하라고 추천하고 있습니다. 그만큼 누구나 할 수 있고 잘 배워두면 어렵지 않게 수익화를 이룰 수 있기 때문입니다.

"아무것도 하지 않으면 아무 일도 일어나지 않습니다."

어디서부터 시작해야 할지 막막하다고 느끼는 분들을 위해 작은 것 하나 놓치지 않고 세심하고 꼼꼼하게 저의 노하우를 알려드리겠습니다. 하나하나 따라만 하면 어렵지 않게 수익형 블로그를 만들 수 있습니다. 일상의 매우 작은 변화로 누릴 수 있는 기쁨은 성실함과 약간의 팁, 이끌어 줄 수 있는 선배가 있으면 완성될 수 있다고 생각합니다.

이 모든 것을 재테크하는제인이 해드리겠습니다. 쉽고 재미있게 즐기면서 부수입까지 생기는 일석이조의 블로그 생활, 지금부터 저와 시작하시죠.

CHAPTER 1.

평범한 직장인이
인플루언서가
되기까지

1. 우리는 왜 SNS를 해야 하는가

스마트폰이 보편화되면서 우리 삶의 가장 큰 변화는 바로 SNS가 생활화됐다는 점입니다. 메신저, 정보검색, 동영상 콘텐츠 등이 중심이 되는 다양한 플랫폼을 각자의 기호에 맞게 이용하는 것은 물론이고 나아가 이를 이용한 챌린지 등의 범 사회적 현상까지도 일어날 수준으로 SNS는 우리 생활 깊숙이 자리 잡고 있습니다.

그렇다면 우리는 얼마나 많은 SNS를 이용하고 왜 이를 필요로 하는 걸까요? 모바일 설문조사 플랫폼 오픈서베이의 '소셜 미디어·검색 포털 트렌드 리포트 2022'에 따르면 우리는 인스타그램, 유튜브, 틱톡, 밴드, 카카오톡, 네이버 등 크게 6가지 형태의 SNS 플랫폼을 이용하며 하루 평균 1.5~8.6회 접속하는 것으로 나타났습니다. 또, 1회 평균 이용 시간은 최소 13분에서 최대 50분까지, 서비스별로 주된 중심

기능에 따라 차이가 있지만 우리 일상에서 빼놓을 수 없는 생활 패턴 중 하나임을 알 수 있습니다.

콘텐츠 혹은 게시물을 본 후에 하는 행동은 주로 필요한 정보를 수집하거나, 게시물에 좋아요, 하트 등을 눌러 자신의 의사를 표시하거나, 막연히 계정이나 홈 화면에 뜨는 게시물을 보며 시간을 보내는 등의 행위를 한다는 것이 높은 응답률을 보였습니다.

이를 토대로 유추해 보면 이용자가 SNS를 통해서 이루고자 하는 것이 무엇인지를 생각해 볼 수 있습니다. SNS는 일상에 자연스럽게 스며든 하나의 루틴으로 자리 잡고 있으며 곧 나를 드러내고 공감대를 형성하는 의사 표현 방법 중 하나가 되고 있습니다.

이제는 마케팅도 SNS를 적극적으로 활용하는 것이 대세가 됐습니다. 따라서 자연스럽게 대세 흐름과 고객 수요가 공존하는 SNS에 나의 재능을 투영시키는 것이 앞으로 경쟁력을 높이는 길입니다.

2. 블로그가 여전히 부업으로 매력적인 5가지 이유

많은 분들이 저에게 질문했던 것 중에 하나가 바로 '왜 유튜브는 안 하세요?'였습니다. 이미 수억 원의 수익을 올리고 있는 온라인 창작자들은 블로그에서 유튜브로 이동한 상태였고 초등학생 장래희망 상위권에 유튜버가 자리 잡을 정도로 유튜브 붐이 일어나고 있었습니다.

그 당시 저는 얼굴을 드러내 놓고 영상으로 구독자를 만난다는 것이 부담스러웠고 그 외에도 여러모로 여건이 되지 않아 유튜브 채널 개설을 차일피일 미루고 있었습니다. 부담만 느끼고 있던 와중에 곰곰이 잘 생각해 보니 유튜브보다 블로그가 더 매력적이고 경쟁력이 있는 이유도 많다는 생각이 들었습니다.

유튜브가 트렌디하면서 여유 있게 여가를 즐기는 느낌이라면 네이버는 검색 기반에 충실한 정보탐색 기능이 일반인에게 상당히 깊이 인식돼 있습니다. 특히 네이버 블로그의 경우 다수의 일반인 창작자를 보유하면서 본인 경험에 기반한 정보성 글을 꾸준히 양산해 내고 있기 때문에 이러한 특징이 더 돋보일 수 있다고 생각합니다. 제가 생각하는 유튜브보다 블로그가 더 매력적인 이유 5가지를 들어보겠습니다.

1) 초기 자본이 거의 들지 않는다

최근 유튜브를 그만둔 창작자들이 중고마켓에 고가의 장비를 싸게 되파는 것이 이슈가 되고 있습니다. 고퀄리티 영상 제작을 위해서는 초기 자본 투입이 있어야 하고 이것이 창작자에게 상당한 부담으로 다가옵니다. 초기 자본 투입이 크다 보니 진입장벽도 높아질 수밖에 없고 이것이 부담을 가중시키는 요인이 됩니다.

반면 텍스트를 기반으로 하는 블로그는 내가 경험한 지식, 후기성 리뷰 등을 주로 다루기 때문에 간단한 사진 및 동영상 촬영만으로도 충분히 양질의 포스팅이 나올 수 있습니다. 당연히 초기 자본 투입은 블로그가 유튜브보다 상대적으로 부담이 훨씬 적습니다.

2) 빠른 정보 습득에는 텍스트를 선호한다

앞서 언급한 오픈서베이 보고서에 따르면 영상 플랫폼은 1회 평균 이용 시간이 상당히 긴 편입니다. 즉, 장시간 접속하기 위해서는 그만큼의 여유를 가지고 이용해야 하는데 이는 빠른 정보 습득을 목적으로 한다면 오히려 단점으로 작용할 수 있습니다.

단 시간 내에 내가 원하는 정보를 습득하고 계속 파도타기식으로 정보를 확장하며 궁금증을 해결해야 하는 검색 기반 서비스에서는 오히려 텍스트 중심의 문서가 효율적이라는 뜻입니다.

즉, 영상과 텍스트를 선호하는 대상층이 전혀 다르기 때문에 각 분야 특성에 맞는 콘텐츠를 효율적으로 배치한다면 블로그로도 충분히 많은 방문자를 유입시킬 수 있습니다.

3) 이미 검증된 자료를 기반으로 방향성을 선점할 수 있다

잘 알려지지 않은 유튜브 알고리즘에 비해 수많은 경험의 누적으로 검증된 네이버 로직은 초보라고 해도 좀 더 명확한 방향성을 설계할 수 있습니다. 뒤에 설명할 네이버 검색 로직은 D.I.A, D.I.A+, C-Rank 모델 등 다양한 형태로 존재해 왔습니다.

모든 로직의 공통점은 바로 검색 사용자의 의도, 경험이 포함된 양질의 포스팅이 핵심인데 이는 수많은 창작자들의 경험적 검증이 완료된 데이터라고 볼 수 있습니다. 따라서 이 데이터에 대한 학습이 되어 있다면 좀 더 빠르게 수익화에 성공할 수 있습니다. 이것이 바로 블로그가 유튜브보다 더 매력적인 이유 중 하나라고 생각합니다.

4) 일상에서 가볍게 콘텐츠 구성을 할 수 있다

블로그는 특별하게 콘텐츠 콘셉트를 잡거나 시나리오를 짜지 않아도 됩니다. 내가 직접 경험한 것부터 일상에서 발견한 지식과 노하우를 검색 사용자에게 전달한다는 목적을 가지고 글을 생산하기 때문에 상대적으로 콘텐츠 구성 부담을 덜 수 있습니다.

그만큼 내 일상을 공유하는 것과 같은 소소한 일에서부터 출발할 수 있기 때문에 시작할 때 진입장벽이 낮고 체감하는 접근성도 높게 느껴집니다. 너무 거창하게 시작한다는 생각보다는 오히려 일상 속에서 나의 생활을 드러내며 잔잔히 스며들 수 있도록 하는 것이 바로 블로그의 매력입니다.

5) 계속되는 검색엔진 발전이 새로운 창작자를 불러온다

현재 네이버는 전문 창작자를 '인플루언서'라는 상위 블로거로 분류하면서 다양한 특혜를 주고 있습니다. 과거 파워 블로거에서 인플루언서로 명칭을 변경한 것에 그치지 않고 지속적인 전문 창작물 작성을 독려하고 이에 대한 확실한 보상으로 양질의 콘텐츠를 확보하는 것에 집중하고 있습니다. 추가로 검색 사용자의 만족도를 높이기 위해 스마트블록, 지식스니펫 등의 다양한 선택지도 제시하고 있습니다.

이처럼 네이버는 끊임없이 검색엔진 발전을 이루면서 새로운 알고리즘 형태를 보여주고 있습니다. 기존 창작자들에게 주어진 가중치로 콘텐츠 노출에 어려움을 느끼던 후발 창작자들이 변화하는 로직에 맞는 창작물을 쏟아내면 변화의 바람을 불어올 수 있습니다. 신규 유입자도 충분히 기회를 잡을 수 있는 곳이 바로 네이버 블로그입니다.

3. 퇴근 후 1시간 투자, 내 삶을 변화시킨다

제가 블로그 수익화 강의를 할 때 꼭 강조하는 것이 있습니다. 바로 '꾸준함'입니다.

저는 부업으로 블로그를 시작했기 때문에 퇴근 후 집에 와서 1시간 이상 컴퓨터 앞에 앉아서 글을 썼습니다. 물론 경제·비지니스라는 분야의 특성상 자료 수집 시간이 매우 길어 1시간은 부족했지만 그만큼 꾸준한 글을 쓰기 위해서 내 시간을 투자했습니다.

아무것도 하지 않으면 아무 변화도 일어나지 않는다고 말씀드렸던 것처럼 꾸준한 노력이 변화를 불러올 수 있습니다. 퇴근 후 지쳐 쉬고 싶을 때, TV를 보거나 게임을 하는 그 시간을 쪼개서 글을 쓰는 연습을 한다면 그것만으로도 블로그 재테크의 시작입니다.

저도 처음에는 성과가 나타나지 않자 조급함에 무리해서 여러 개의 글을 쓰고 코피가 날 정도로 열정적으로 블로그 활동을 했던 시기도 있었습니다. 하지만 그것을 오래 유지하지 못했고 체력이 뒷받침되지 못해 오히려 몸의 부담만 가중됐습니다. 물론 글의 퀄리티도 자연스럽게 떨어져 강제로 블로그 휴식기를 가질 수밖에 없었습니다.

퇴근 후 1시간의 투자는 꾸준함과 연계돼 있다고 생각합니다. 내가 부담 갖지 않는 시간 안에서 오늘 있었던 일과를 정리하며 다른 사람과 나눌 지식은 무엇이 있었고, 도움이 될 만한 일은 없었는지 하루를 돌아보며 간단하게 적는 포스팅이 하나의 습관으로 자리매김해야 부담 없이 블로그 활동을 할 수 있습니다.

수강생들이 자주 하는 질문 중 하나가 '포스팅 1개당 걸리는 시간이 어느 정도인가요?'입니다.

최근 출산과 육아를 거치면서 포스팅 시간을 줄이는 연습을 하는 중이었는데 핵심은 바로 평소에 핸드폰으로 자료를 찾아 놓고 컴퓨터 앞에서 글 쓰는 시간은 최소화하는 것입니다.

키워드 : 2023년 부모급여
서브 : 부모급여 소급적용, 부모급여 육아휴직, 부모급여 중복

2023년 부모급여 확정
만0세 월 70만원
만1세 월 35만원

★2022년생 소급적용 확정
★부모급여와 육아휴직 중복(제도의 재원, 목적 상이)

추가정보 :
어린이집 보육 시 약 20만원 부모지급(만0세)
시간제보육, 아이돌봄서비스 확대

<포스팅 시간을 단축하는 메모 습관>

포스팅 시간을 단축하기 위해서는 내가 어떤 키워드를 쓸 것인지에 대해서 메인, 서브 키워드를 먼저 정해둬야 합니다. 그리고 정확한 사실을 확인해야 하는 수치 등은 꼭 적어 두고 키워드 간 연결성이 필요한 내용은 필수 삽입을 위해 포인트 표시를 해둡니다. 추가 정보는 연관성이 떨어지지 않는 선에서 포스팅 내용을 다채롭게 하는 수준으로 인용합니다.

물론 이것도 쉽지 않은 일이라는 말에 적극 공감합니다. 하지만 하루 1시간도 투자하지 않고 새로운 일을 한다는 것은 어불성설이라고 생각합니다. 퇴근 후 꾸준한 1시간의 투자가 습관이 되고 이것이 쌓이면 큰 지식과 자산이 되고 이것이 수익화를 이루는 가장 기본적인 토대가 될 것입니다.

Blog

4. 부업으로 완성하는
연봉 1억 만들기

그렇다면 제가 실질적으로 블로그를 통해 얻은 수입이 얼마나 되는지, 정말 연봉 1억을 달성했는지 2021~2022년 수입을 기준으로 팩트 체크를 해보겠습니다.

제가 블로그에 썼던 '2021년도 부업으로 이뤄낸 것들'이라는 포스팅을 보면 총 4가지 종류의 수입이 발생한 것을 확인할 수 있습니다. ▲네이버 광고 수익인 애드포스트, ▲체험단과 기자단 등을 통해서 발생되는 원고료, ▲강의료, ▲주식 수익 이렇게 4종류였고 당시 블로그에 공개한 수입과 조금 차이가 있어 다시 정산한 금액은 다음과 같습니다.

총 연간 수입
103,610,869원

30,384,672

15,110,000

10,200,000

9,301,097

3,615,100

35,000,000

·애드포스트·원고료·강의료·주식수익·현물협찬·연봉

<재테크하는제인 2021년 총 수입(단위 : 원)>

오차가 있을 수 있지만 대략적인 간접 수입까지 포함해 연 수입은 1억이 조금 넘습니다. 다만, 현물 및 서비스 지원받은 것까지 현금화해 추정한 것이므로 정확한 현금 수입이 아님을 사전에 고지합니다.

본업의 연봉이 약 3,500만 원인 것을 감안하면 부업으로 약 6,800만 원의 수익을 올려 연봉 1억 원을 달성할 수 있었습니다. 본격적인 블로그 수익 루트에 대해서는 차후 챕터에서 설명했지만 간략하게 저의 수입 패턴을 보면 1억 중 애드포스트 30%, 원고료(체험단 및 기자단) 15%, 강의료 10% 등이 상위에 포진돼 있습니다. 정보성 블로그를 운영하다 보니 제품 판매, 현물 협찬 등은 최소화하고 방문자 유입을 통한 애드포스트 수익을 우선 확보하는 것을 목표로 했습니다. 이러한 패턴은 분야별로 다를 수 있으니 참고만 하면 됩니다.

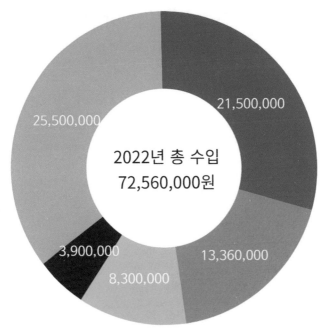

<재테크하는제인 2022년 총 수입(단위 : 원)>

2022년은 개인적으로 임신, 출산과 아이 양육으로 블로그에 집중하기 어려웠던 시기였습니다. 물론 그로 인해 애드포스트 수입, 근로수입이 모두 전년도 대비 조금 떨어졌지만 일주일에 2~3개 포스팅을

하면서 이 정도 수입을 유지한 것은 브랜딩을 통한 원고료 단가 상향, 검색량 높은 키워드 상위 노출로 기존 방문자 수 유지가 가능했기 때문입니다.

좀 더 자세한 수익 분야 내용을 살펴보면 원고료는 순수하게 광고주 혹은 대행사를 통해 의뢰를 받아 직접 체험한 정보성 리뷰를 작성한 경우에 발생되는 수입입니다. 예를 들어 저는 경제·비즈니스 분야의 글을 중점적으로 썼기 때문에 주로 은행, 증권사, 정부부처, 카드사, 기업, 지자체 등 금융기관과 관공서에서 의뢰를 자주 받는 편입니다.

광고주	내용	원고료	비고
K은행	상품 홍보	200,000	
T사	앱 리뷰	150,000	
S증권	앱 리뷰	200,000	
K증권	상품 홍보	300,000	2건
K증권	상품 홍보	200,000	
H사	상품 홍보	200,000	
P카드사	상품 홍보	200,000	
D증권	기업 홍보	1,000,000	5건
정부부처	정부 사업 홍보	200,000	상위 노출 2만 원추가
S은행	특판 홍보	600,000	2건
H증권	기업 홍보	500,000	2건
K사	앱 리뷰	150,000	상위 노출 15만 원추가
지자체	사업 홍보	1,000,000	
S증권	이벤트 홍보	250,000	
G사	추천인 홍보	300,000	1명당 2천 원 페이백

<광고주별 홍보 내용과 원고료 단가(단위 :원)>

의뢰를 받을 때 원고료를 제안받는 경우도 있고 조율을 통한 상향 조정도 가능했습니다. 또, 상위 노출 조건 등을 완수했을 때 추가 수입도 발생할 수 있는데 이 점은 시기나 내용에 따라 광고주 혹은 대행사와의 협의 하에 진행됐습니다.

주로 상품, 기업, 이벤트, 사업 홍보 등의 의뢰 내용이 많았고 드물게 추천인 안내나 직접 체험해 보고 포스팅하는 앱 리뷰도 제안받았습니다. 추천인 안내의 경우 포스트에 내 추천인 아이디를 기입하고 회원 가입 시 얻을 수 있는 혜택을 안내하면 실제 가입 인원에 따라 현금으로 받을 수 있어 해당 문서가 오랜 기간 상위 노출된다면 꾸준히 현금을 창출하는 수입원이 될 수도 있습니다. 하지만 이런 종류의 글은 상업성 문서로 인식될 가능성도 있기 때문에 포스팅할 때 주의해야 합니다.

현물 협찬의 경우 상품을 받고 직접 이용하면서 체험 리뷰를 작성하는 것이 대부분이었는데 물건 이외에도 호텔 숙박과 서비스를 제공받은 경우도 있었습니다.

브랜드	종류	가격	비고
C사	전기히터	199,000	
O사	구강세정기	245,700	추가 20만 원
C사	UV살균기	26,500	추가 20만 원
E사	매트리스 토퍼	290,000	
B사	세탁조클리너	16,900	추가 7만 원
B사	온풍기	238,000	
I사	무선 청소기	158,000	

M사	로잉머신	460,000	
B사	눈마사지기	198,000	
S사	에어프라이어	263,000	
Y호텔	조식, 룸, 수영장 및 부대시설 이용 패키지	400,000	5만 원 상당 물품 제공
K호텔	〃	300,000	
K리조트	〃	300,000	
	총계(비고 포함)	3,615,100	

<광고주에게 제공받은 제품 협찬 내용과 가격 환산(단위 : 원)>

현물 협찬은 상품만 제공받는 경우가 대부분이나 상위 노출 조건 없이 일정 금액의 원고료를 함께 제공받는 경우도 있어 추가 현금 수익을 얻을 수 있었습니다. 또한 호텔이나 리조트는 1박 2일 동안 시설 내 수영장, 식사, 부대시설 등의 이용 조건이 있는 경우가 있어 여행에서 발생될 수 있는 지출을 방어하는 의미가 있습니다.

5. 월 500만 원 생기는 파이프라인 만드는 법

이로써 본업과 부업을 합산한 연봉 1억이 달성됐습니다. 이를 월로 환산하면 월 500만 원의 수익이 생기는 셈인데 블로그를 중심으로 이렇게 꾸준한 현금 흐름을 만들 수 있는 파이프라인을 구축하려면 어떻게 해야 하는지 지금부터 노하우를 설명하겠습니다.

1) 기존 글 활용한 다채널 운영하기

글 한 개 쓰기도 벅찬데 어떻게 많은 채널을 상시로 운영할 수 있을까요? 그 비결은 바로 각 채널의 특성을 활용하는 것입니다. 예를 들어 블로그 글을 가지고 이걸 어디에 활용해서 올릴 수 있는지 생각해 보겠습니다.

(1) 네이버 블로그에 글을 올린다.

(2) (1)을 소리 내 읽어 녹음하고 이미지와 함께 유튜브에 업로드한다.

(3) (1)을 요약한 내용을 밴드 또는 티스토리 등 다른 채널에 올린다.

(4) (1)에 (2), (3)의 링크를 첨부해 내 채널에 자연스럽게 트래픽을 유입시킨다.

(5) (1)의 글을 모아 다음 브런치에 등록해 책으로 엮어낸다.

네이버 블로그에 글을 올렸을 때 활용할 수 있는 방법이 대략 4가지 정도 나올 수 있습니다. 물론 각 채널마다 고유의 특성이 있기 때문에 그 특성에 맞게 대입하는 것이 어려울 수 있지만 글 하나로 효율적으로 활용할 수 있는 방법이 충분이 있을 수 있다는 점을 기억해보면 힘 안 들이고 다채널을 운영할 수 있습니다.

여기서 중요한 점은 각 채널마다 고유의 수익 조건이 있기에 그 조건만 충족된다면 적은 금액이라도 꾸준히 현금 흐름을 만들어 낼 수 있다는 점입니다. 채널 확장에 신경 쓴다면 그만큼 수익화 범위도 늘어나는 것입니다.

2) 블로그를 기반으로 새로운 영역 개척하기

굳이 채널을 확장하고 싶지 않다면 추천하는 방법은 아예 새로운 영역을 개척하는 것입니다. 말 그대로 글만 쓰는 것이 아니라 블로그를 기반으로 자신을 새롭게 포장해 다양한 활동 영역을 개척하는 것이라고 생각하면 됩니다.

이렇게 블로그 운영과 같은 주제로 이어지지만 SNS 플랫폼이 아닌 새로운 영역으로 확장되는 것이기 때문에 블로그를 통해 새로운 직업을 부여 받는 것이라고 생각하면 됩니다. 요즘 유행하고 있는 '부캐'를 많이 만들어 내는 것과 같습니다.

예를 들면 경제·비지니스 블로거 '재테크하는제인'은 실제 사회복지사라는 직업을 가지고 있지만 경제, 자산관리에 대한 관심이 생겨 블로그를 기반으로 재무 설계사라는 직업을 새롭게 갖고자 자격증을 취득합니다. 이때 재테크하는제인은 블로거, 사회복지사(본업), 재무설계사(새로운 직업), 이렇게 총 3개의 직업이 생기고 이에 따라 각각의 소득이 발생할 수 있습니다.

3) 간접 수입 빼놓지 않기

마지막 파이프라인의 열쇠는 간접 수입입니다. 말 그대로 직접적으로 현금이 들어오는 것은 아니지만 현물 지원 혹은 서비스 협찬 등으로 나에게 경제적 효과를 가져다주는 것입니다. 이 부분이 무엇보다도 중요한 것은 현재 블로그를 부업으로 운영하기 위해서 가장 먼저, 쉽게 할 수 있기 때문입니다.

비록 현금으로 받을 수는 없지만 내가 필요한 물품 또는 내가 사려고 했던 물건 중 고가라서 망설였던 것들을 무상으로 지원받으면 이것을 구입할 때 발생되는 지출을 방어할 수 있습니다. 또한 가장 광범위한 시장이기 때문에 초보도 쉽게 접근할 수 있고 체험단 발탁 등으로 블로그 운영에 대한 확실한 동기부여가 되는 효과도 얻을 수 있습니다.

CHAPTER 2.

블로그 가치를
높이는
퍼스널 브랜딩

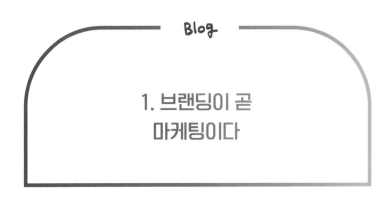

1. 브랜딩이 곧 마케팅이다

마케팅 시장에서 경쟁력을 갖추기 위해서 기본이 돼야 하는 것이 바로 브랜딩입니다. 물론 상품에 대한 브랜딩이 적절하게 들어갔을 때 소비 욕구 자극과 실질적인 구매로 이어지는 것이 로드맵으로 연결돼야 하지만 이는 쉽게 이뤄지지 않습니다. 그래서 마케팅 스킬이 필요한 것입니다.

퍼스널 브랜딩은 브랜드를 통해 사람들에게 보여주고자 하는 것을 표현하는 것으로 내 커리어가 내외부에 미치는 영향을 뜻합니다. 이는 개인에 대한 기술, 업무 자격, 성격 등 그 사람에 대한 모든 것이 이미지로 연상돼 타인의 뇌리에 박히게끔 하는 것인데 최근에는 온라인에서도 그 영향을 미칠 수 있어 높은 가치로 인정받고 있습니다.

그렇다면 이것을 블로그에 적용한다면 어떻게 될까요?

퍼스널 브랜딩 마케팅은 개인이 가지고 있는 스토리텔링 흐름에 해당 제품 및 서비스에 대한 이미지를 융화시켜 향상된 홍보 효과를 노리는 것입니다.

블로그는 하나의 전광판과 같다

사람들은 블로그를 통해 그 사람의 생활, 개인의 이야기에 공감대를 형성하면서 친근감을 느낍니다. 이러한 퍼스널 브랜딩으로 내가 무엇을 쓰고, 어떤 서비스를 이용하고, 어떻게 살아가는지에 대한 독자의 호기심을 블로그 글을 통해 해결할 수 있을 것입니다.

따라서 퍼스널 브랜딩이 잘 돼 있다면 전광판 역할을 해주는 블로그를 발판으로 다양한 협업 기회를 얻게 되고 이를 통해 높은 수익을 얻을 수 있습니다.

Blog

2. 3천만 개 블로그 중 내 블로그가 더 특별해지는 방법

네이버에서 발표한 '2022 블로그 리포트'에 따르면 2022년 10월 기준으로 전체 블로그 수는 3,200만 개를 돌파했으며 지금까지 기록된 글은 24억 2,000만 개로 1초마다 8개의 글이 발행될 정도로 활발하게 운영되고 있습니다.

그렇다면 이 3,200만 개 블로그 중에서 내 블로그가 더 특별해질 수 있는 방법은 없을까요?

그것은 누가 블로그를 찾는지, 어떤 검색어가 비중이 높은지, 검색 사용자들이 선호하는 글의 주제와 유형은 무엇인지 등의 특성을 파악하는 것이 먼저입니다.

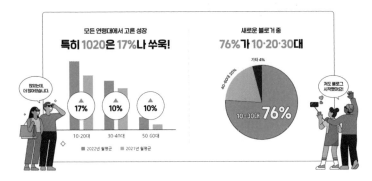

<네이버 블로그 연령별 이용 현황(출처 : 2022 네이버 블로그 리포트)>

2022년을 기준으로 새로운 블로거의 76%가 10·20·30대인 MZ세대로 이들이 본인의 라이프 스타일을 드러내고 싶을 때 블로그를 이용한다는 것을 알 수 있습니다. 대부분의 블로거는 자신의 일상을 공유하면서 타인과의 적절한 거리감도 유지할 수 있다는 이유로 블로그를 선호합니다. 이를 역으로 생각해보면 블로그에 글만 업로드 하는 것이 아니라 수시로 네이버에 접속해 자주 사용하는 주 검색 소비자층도 10·20·30대인 MZ세대가 된다는 뜻입니다. 이렇게 온라인으로 형성된 공감은 정보 검색 소비층을 10·20·30대로 집중시키는 힘이 있다고 보입니다.

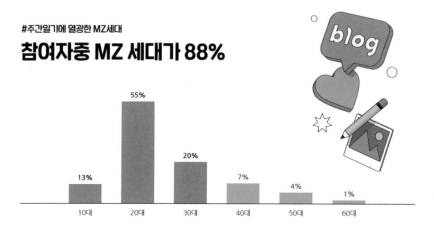

#주간일기에 열광한 MZ세대

참여자중 MZ 세대가 88%

<네이버 블로그 주간일기 참여 연령 현황

(출처 : 2022 네이버 블로그 리포트)>

2022년 네이버는 새롭게 론칭한 #주간일기 챌린지 라이프로그 캠페인을 통해 개인 생활을 블로그에 기록하면서 당당히 자신을 드러낼 수 있는 플랫폼으로 자리매김했습니다. 하지만 주간일기 챌린지 이전인 2021년에도 맛집과 일상 관련 글 발행량이 압도적으로 많았던 것으로 보아 MZ세대의 블로그는 경험을 기반으로 한 정보 공유의 성격이 강하다고 볼 수 있습니다.

타인의 경험을 바탕으로 한 정보가
나의 시행착오를 줄여준다

블로그를 방문하는 대부분의 사람이 왜 검색이라는 행위를 하는 것일까요? 그것은 내가 해보지 못한 어떠한 행동 혹은 궁금한 정보에 대해 누군가가 이미 해본 경험으로 검증된 진짜 후기를 원하기 때문입니다. 즉, 간접적으로 경험치를 얻으면서 내가 원하는 성공을 시행착오 없이 한 번에 하기를 원하기 때문에 검색이라는 행동을 하는 것입니다. 이러한 특성을 잘 이해하고 포스팅을 한다면 3천만 개의 블로그 중에서도 내 블로그가 특별해질 수 있는 소스를 얻을 수 있습니다.

예를 들어 제 블로그는 경제 분야의 정보성 글을 주로 작성하는 평범한 블로그였습니다. 그렇지만 브랜딩에 대한 고민을 거듭하면서 좀 더 특별해지기 위해 저희 가족에 대한 재테크 코칭 이야기의 스토리텔링 작업을 하면서 주식 투자 열풍이 불었던 시기 초보 투자자들의 공감대를 얻을 수 있었습니다.

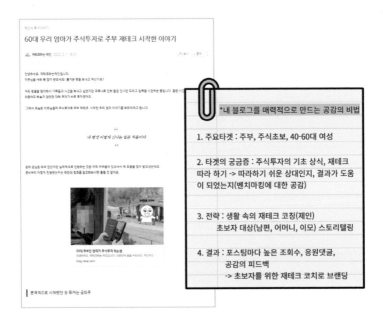

<독자와의 온라인 공감대 형성을 위한 스토리텔링 비법>

50-60대 어머니, 이모의 주식투자 이야기   짠돌이 남편의 주식투자 도전기   자녀를 위한 주식증여, 경제 공부 스토리

<독자와의 온라인 공감대 형성을 위한 스토리텔링 예시>

대부분의 경제 블로거들이 그저 전문적인 정보를 제공하는 것에 중점을 뒀다면 저는 재테크를 잘 몰랐던 남편, 어머니, 이모를 생활 속에서 쉽게 코칭하면서 투자자로서 성장하는 이야기를 재미있게 시리즈로 구성했습니다.

그 결과 주요 타깃이었던 주식 초보, 40~60대 여성인 주부들에게 큰 호응을 얻을 수 있었고 상위 노출을 하지 않아도 포스팅마다 높은 조회 수와 응원 댓글까지 달리는 긍정적인 피드백을 받을 수 있었습

니다. 물론 자연스럽게 초보자를 위한 재테크 코치로 블로그 콘셉트
도 잡으면서 브랜딩 구축에도 많은 도움이 됐습니다.

　정리하자면 내 블로그를 매력적으로 만드는 특별함은 검색 사용자
가 내 블로그를 통해 간접 경험을 하는 것입니다. 글을 읽는 대상을
명확히 설정하고, 검색 사용자가 글을 읽는 것만으로도 간접 경험을
할 수 있도록 온라인 공감대를 형성한다면 굳이 내가 상위 노출에 매
달리지 않아도 내 글을 원하는 팬덤이 생길 것입니다.

3. 평범했던 블로거가 상위 1% 인플루언서가 된 특급 비법

재테크하는제인으로 운영되고 있는 제 블로그를 슈퍼멤버스 사이트에서 조회했을 때 전체 순위 280위이며 상위 백분율로 본다면 0.09%라고 집계됩니다.

또 다른 블로그 순위 사이트인 블로그차트에서 보면 전체 105위, 금융·재테크 분야 5위로 나옵니다.

위 두 개 사이트는 독자적인 기준에 의거해 순위를 집계하는데 대부분 몇 개 키워드가 네이버 통합검색이나 VIEW탭 등 특정 영역 기준으로 상위 노출되고 있는지에 따라 순위가 달라진다고 보면 됩니다.

<재테크하는제인의 인플루언서 랭킹(출처 : 슈퍼멤버스)>

<재테크하는제인 블로그 순위(출처 : 블로그차트)>

100% 신뢰할 수는 없지만 내 블로그가 현재 어느 정도 수준인지 참고하는 데 도움이 된다고 이해하면 됩니다. 앞서 설명한 3천만 개 블로그 중에서 내 블로그 순위가 어디에 있는지 체크하고 나면 상위 블로거를 목표로 운영하는데 충분한 동기부여가 될 수 있습니다.

제가 블로그를 시작하게 된 동기는 공연을 좋아했던 시절 뮤지컬을 보고 난 후의 감상이 그저 흘러가는 것이 아쉬워 글로 기록한 것이었습니다. 물론 그때는 로직이나 상위 노출 이런 것은 아무것도 몰랐고 그저 기록을 하고 내 글을 누가 봐준다는 것만으로 만족하던 시절이었습니다.

하지만 제2의 인생을 시작하게 된 '재테크하는제인'은 전문 블로거로 변화하게 해주었고 이러한 과정의 서사가 자연스럽게 모든 글에 녹아들어갔습니다. 이처럼 평범하게 블로그를 운영했던 제가 상위 1% 인플루언서가 된 비법은 평범하지만 많은 이들의 공감을 얻을 수 있는 글을 써왔기 때문이라고 생각합니다.

네이버 블로그는 약 3천만 개입니다. 우리나라 전 국민의 3분의 2에 해당되는 사람들이 하나씩 개설해야 가능한 수치입니다. 그만큼 많은 사람들이 블로그를 개설하고 활발하게 활동하고 있다면 과연 어떤 블로그가 상위 1%의 파워를 가지게 될까요? 이 고민이 블로거의 숙제이자 브랜딩의 시작점이라고 말씀드리고 싶습니다.

따라 하고 싶은 사람이 돼야 한다

많은 사람들의 관심과 이목을 끌기 위한 핵심 키워드는 바로 '미러링'입니다. 특별해 보이는 사람이지만 왠지 나도 비슷하게 할 수 있을 것 같다는 자신감을 고취시키는 동시에 모방하고 싶은 심리를 자극해야 합니다. 분명한 것은 독자가 블로거의 라이프스타일에 대한 신뢰와 흥미가 있어 따라 하고 싶다는 생각이 들게끔 해야 하는 것입니다. 하지만 여기서 중요한 것은 '나도 하면 될 것 같다'라는 생각이 들게끔 충분한 공감이 우선되어야 한다는 점입니다.

그저 저 사람이 특별하게 느껴지기만 한다면 관심은 일회성에 그칠 수 있습니다. 하지만 '나도 저 부분은 할 수 있을 것 같은데?' 같은 호기심을 자극한다면 그 사람처럼 되고 싶은 욕망에 자꾸 블로그를 들여다보게 되고, 정보가 담긴 글은 스크랩, 링크 복사 등을 통해 외부로 유포합니다. 이렇게 맛집이 알음알음 소문이 나는 것 같은 효과를 얻을 수 있습니다.

평범했던 제 블로그가 상위 1%의 인플루언서가 되기까지는 운과 노력 그리고 조금의 꿀팁이 있었을 뿐입니다. 그 과정을 설명하면 다음과 같습니다.

2019년 새롭게 시작한 경제 블로그

뮤지컬 관람 취미와 멀어지면서 자연스럽게 공연 후기를 쓰던 블로그도 찾지 않게 되었는데 우연히 알게 된 재테크 카페에서 블로그로 돈을 벌 수 있다는 이야기를 보고 다시 리뉴얼해 운영하기 시작했습니다. 물론 경제에 대한 관심은 있었지만 전문 학과를 졸업한 것이 아니었기 때문에 '그저 내가 이해하고, 아는 것만 쓰자'라는 생각으로 소소한 일상의 것들을 기록하기 시작했습니다.

경제 분야에 대한 이야기를 솔직하게 쓰기 시작했는데 아무것도 모르다 보니 실생활에서 바로 적용할 수 있는 아주 작은 소소한 부분까지 기록하기 시작했습니다. 예를 들어 영수증 리뷰를 하면 포인트를 얻을 수 있고 이것을 현금처럼 사용할 수 있다는 정보를 쓰면서 주로 2030세대 사회초년생과 주부를 중심으로 구독자가 늘기 시작했습니다.

2020년 인플루언서가 되다

2020년 상반기 네이버 인플루언서 제도가 시작됐고 초반 베타테스트에서 뷰티, 여행, 육아 등 일부 분야에 시범 운영된 것을 보면서 경제 분야도 언젠가는 인플루언서 제도가 오픈될 것이라는 기대감으로 꾸준하게 관련 글을 발행했습니다.

정기예금금리비교 현재 최고금리 알아보기 (15)		7,480	2020. 4. 7.
20대체크카드추천 우체국영리한체크카드 딱이야 (17)		15,181	2020. 4. 6.
우체국영업시간부터 우편요금 알아봐요 (33)	생활 속에서 필요한 정보	12만	2020. 4. 4.
미국주식사는법 : 신한증권 해외주식 소수점매매부터 시작해봤어요 (90)	주식에 대한 관심이 높아질 시기 초보자 관점에 맞춘 글	49,981	2020. 4. 3.
부산은행 썸뱅크 담뱃값 적금 연 3.4% 금리 받으세요 (12)		19,181	2020. 4. 2.
네이버애드포스트 수익공개 6개월 동안 70만원 달성 (57)		1,781	2020. 4. 1.
긴급재난지원금 대상자격 소득하위70% 누가 받을까? (77)	국가지원금에 대한 빠른 정보 전달	21만	2020. 3. 30.
1등급가전환급 신청방법 이렇게 해보세요 (21)	생활 속에서 필요한 정보	43,856	2020. 3. 30.
흩어지는 돈모으는 방법 소액 적금으로 시작하는 1억 모으기 (22)	재테크 기본 상식	24,380	2020. 3. 28.
전월실적 없는 신용카드 추천 하나 원큐데일리플러스카드 말도안되는 꿀혜택 정리 (8)		1,256	2020. 3. 27.
건강보험 임의계속가입 신청으로 퇴사 후 보험료 줄이기 (20)		27,688	2020. 3. 26.
아파트관리비할인카드 추천 우리 카드의정석 APT 혜택 총정리 (9)		25,399	2020. 3. 25.
자동차다이렉트보험들고 연6.9% 적금이자까지 챙기는 DreamBig 정기적금 (26)		2,171	2020. 3. 24.
30대재테크 이렇게 해보세요 잔돈모아올림적금 가입후기 (13)		3,848	2020. 3. 23.
체크카드순위 TOP 3 실사용해보고 뽑아봤어요 (13)		24,993	2020. 3. 21.
신한체크카드추천 신한4Tune 혜택정리(주유카드로 활용하세요) (14)		22,409	2020. 3. 20.
재형저축 만기연장 우리은행 앱으로 간단하게 하세요 (16)		21,907	2020. 3. 18.
이율높은적금 4.2% 첫거래우대 정기적금 (18)		10,476	2020. 3. 17.
기준금리 인하와 경제불황의 관계로 보는 재테크 (12)		2,169	2020. 3. 17.

<구독자 호응도가 높은 주제에 집중한 포스팅>

　　매일 경제뉴스, 재테크 카페 게시글, 매거진 등을 구독하면서 일상 생활의 경제 분야 지식을 정리하는 글을 썼고 이에 대한 호응이 매우 높았습니다. 5월이 되면서 경제 분야 인플루언서 모집 공고가 나왔고 응모하자마자 선정됐다는 통보를 받았습니다.

　　초기에 네이버 경제 인플루언서 대열에 합류하면서 이 시기에 자연스럽게 파워 블로거라는 이미지도 함께 얻었습니다.

2021년 상위 1% 인플루언서로 독주

2020년부터 약 1년간 경제 분야 인플루언서 1위 자리를 고수했는데 이런 성과는 키워드 챌린지에 대한 초기 로직 파악이 결정적인 역할을 했다고 생각합니다. 저는 본업이 있었기 때문에 하루에 글을 쓰는 양이 한계가 있어 1개를 발행한다고 하면 그 글이 방문자를 최대한 많이 끌어와야 했습니다. 즉, 검색량이 많은 키워드를 우선적으로 발행하고 이를 계속 누적시킴으로써 발행량 대비 방문자 수가 상당히 많았던 유형이었습니다.

또한 초반 키워드 챌린지 경쟁에서 살아남을 수 있었던 것은 재테크하는제인이 발행하는 글이라는 인증을 이미지화했던 작업이 큰 효과를 거뒀는데 그 결과가 동일한 섬네일 사용이었습니다.

<재테크하는제인 섬네일 활용 예시>

재테크 적금 → 포스팅이 포함된 주제

이율높은 곳 정리, 파킹통장 → 서브키워드
부가적인 설명이 필요할 때

적금이자 높은 은행 → 메인키워드
한 눈에 보이도록

재테크하는제인 → 로고삽입으로
재테크하는제인 시각화

→ 이미지는 키워드와
연관된 것으로
시각적인 시너지 효과

<재테크하는제인 구체적인 섬네일 구성 예시>

아무래도 사람들에게 재테크하는제인 섬네일을 인식시키는 것은 반복적인 작업으로 노출을 늘리는 방법밖에 없었습니다. 검색했을 때 시야에 고유한 이미지를 동일하게 노출시킨다면 어느 순간 재테크하는제인의 글이라는 것을 독자가 자연스럽게 인식하므로 섬네일을 적극 활용했습니다.

섬네일의 구성요소로는 내가 노출 시키고자하는 메인 키워드를 한 눈에 보이도록 해 검색자의 클릭을 유도하고자 했습니다. 그 위에 있는 작은 글씨는 서브 키워드로 부가적인 설명이 필요할 때 첨삭하는 용도로 배치했으며 상단의 '재테크 적금'은 포스팅이 속한 주제를 분류했고 분야에 따라 컬러도 다르게 설정했습니다. 제일 중요한 하단의 이미지는 키워드와 연관된 것을 넣어 시각적인 시너지 효과를 이끌어냈고 로고 삽입으로 재테크하는제인이 글의 출처임을 확실히 알리는 역할을 했습니다.

검색자가 제 글을 읽고 만족도가 높으면 다수의 포스팅을 읽게 될 것이고 재테크하는제인이 쓴 글은 신뢰가 간다고 생각되면 이 섬네일만 보고도 검색자가 클릭할 수 있게 됩니다. 물론 이 작업은 글의 퀄리티를 보통 이상으로 유지해야 하며 재테크하는제인의 글은 신뢰 있는 정보를 담고 있다는 인식이 기본으로 깔려있어야 가능합니다.

그러므로 상위 노출을 많이 해야 하는 것도 맞지만 그만큼 기본적으로 검색 사용자가 필요로 하는 정보를 담고 있는 양질의 글을 많이 생산하는 창작자라는 인식을 구독자가 가질 수 있도록 하는 것이 우선되어야 합니다.

2022년 안주하지 않고 새로운 수익화 루트를 개척하다

상위 1% 인플루언서라는 명함을 가지고 있는 제가 할 수 있는 것은 그저 글을 쓰는 것뿐이었습니다. 부업으로 시작했기에 더 많은 시간을 쏟을 수 없었고 하루 1개 정도의 포스팅을 하면서 3만 명 정도의 일방문자 수준을 유지하고 있었습니다.

하지만 '과연 이 정도 수준을 계속 유지할 수 있을까?'라는 의문이 들었고 현실에 안주해서는 더 큰 수익을 얻기 어려울 수 있겠다는 생각으로 앞으로의 방향에 대해서 고민했습니다. 물론 네이버 애드포스트 수익이 남들 월급만큼 되고 원고료, 강의료, 물품 협찬 등 다양한 수익 루트를 가지고 있었지만 그것만으로는 더 특별한 블로거가 되는 것은 한계가 있다는 생각을 했습니다.

그래서 아예 이 부업을 좀 더 구체화하는 방법을 생각했는데 경제·비지니스라는 분야 특성에 따라 관련 자격증을 취득하고 이를 본업으로 삼는다면 블로그가 훌륭한 마케팅 창구가 될 것이라는 것이 저의 판단이었습니다.

만약 상위 1% 인플루언서라는 자리에 안주했다면 그저 반복적인 글을 쓰면서 하루 방문자 수에 일희일비하며 가슴을 졸였을지도 모릅니다. 하지만 앞으로 계속 블로그로 경제 활동을 하겠다고 마음먹은 만큼 꾸준한 소득을 유지하기 위해 다양한 수익화 루트를 개척하고 있습니다. 이에 대한 이야기를 다음 장에서 상세하게 다뤄보겠습니다.

CHAPTER 3.

블로그가
돈이 되는 과정
이해하기

1. 블로그 수익화 루트의 이해

블로그로 돈을 번다고 하면 흔히 체험단, 기자단만 떠올리는 사람이 많습니다. 하지만 생각하는 것과 달리 수익화 루트는 매우 다양하고 꼭 블로그뿐만 아니라 다른 SNS의 특성에 맞춰 수익화 모델은 다변화될 수 있다는 점을 기억해야 합니다.

대표적으로 블로그 수익 루트는 크게 2가지로 나눌 수 있습니다. 직접적으로 포스팅을 통해 수익이 발생하는 것과 포스팅은 하지 않지만 그 영향으로 수입이 발생하는 루트로 나뉘어집니다. 직접 수익의 경우 애드포스트, 체험단 및 기자단, 건 바이 건 의뢰, 쿠팡 파트너스 수익 링크, 월 보장 계약, 블로그 대행 및 대여 등이 있습니다. 간접 수익 루트는 블로그 포스팅은 하지 않지만 이로 인한 영향으로 생기는 수입인데 전자책 출판, 업체 협업, 강의, 파트너십 커미션, 추천인 포인트, 공동구매 혹은 구매대행 수입이 있습니다.

이중에 몇 가지만 간추려서 이야기해 보겠습니다.

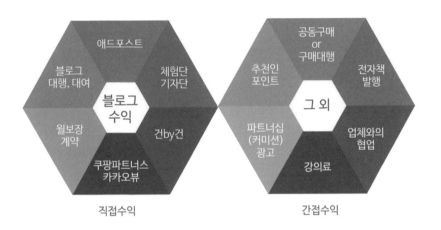

<블로그의 직·간접 수익 루트>

1) 애드포스트

<네이버 애드포스트 메인 화면(출처 : 네이버 애드포스트)>

가장 정통적인 네이버 광고 수익인 애드포스트는 블로그 등 자신이 운영하는 미디어에 광고를 게재하고 광고에서 발생한 수익을 배분 받는 광고 매칭 및 수익 공유 서비스입니다. 일정 조건만 충족되면 매일 수익이 발생할 수 있습니다.

애드포스트의 경우 신청한 날로부터 전월 기준으로 미디어 검수를 진행하기 때문에 만약 내가 광고 노출을 하고 싶다면 최소 1개월 전에는 어느 정도 누적된 글이 있어야 하고 쌓아 둔 글의 노출로 방문자가 들어오는 활성화 상태여야 검수 통과가 됩니다. 일반적으로 20개 이상 누적된 글이 있고 이로 인해 내 블로그 방문자 수가 하루 100명 내외로 있다면 무리 없이 통과가 가능합니다.

<애드포스트 미디어 등록 화면(출처 :네이버 애드포스트)>

애드포스트에 등록할 수 있는 미디어 종류는 블로그, 포스트, 밴드로 3개 모두 등록 가능합니다. 각 미디어마다 특성이 다른데 블로그는 라이프 스타일에 맞는 포스팅을 지향하며 3040세대가 주 이용층

입니다. 최근 20대의 블로그 개설 증가가 눈에 띄고, 타 영상 플랫폼과의 경쟁에서 우위를 점하기 위해 2020년부터 인플루언서 체제로 전환했습니다.

포스트의 경우 매거진 형태의 전문 포스팅을 지향하며 공식 포스트에 대한 혜택이 존재하는데 노출에 힘쓰기보단 관심 있는 독자의 정기적인 구독 유입에 무게를 두고 있습니다.

밴드는 현재 네이버가 가장 적극적인 육성 의지를 보이고 있으며 5060세대가 꾸준한 이용을 보이고 있습니다. 네이버는 인플루언서 유입을 적극 독려하며 밴드 활성화에 나서고 있습니다.

애드포스트 수익을 높이기 위해서는 이러한 각 채널의 특성을 반영하는 운영 전략을 취하는 것이 좋습니다. 특히 블로그 한 채널을 운영해서 얻는 수익보다 포스트, 밴드에도 유사한 내용을 변형해 업로드함으로써 추가 수익을 얻는 것이 현명한 운영 방법입니다.

2) 쿠팡 파트너스

쿠팡 파트너스란 쿠팡에서 판매 중인 상품을 자신의 블로그나 홈페이지, SNS 등에서 추천하고 이를 구독자가 구입했을 때 일정 요율의 수수료를 받는 것입니다. 쿠팡 회원이라면 누구나 가입하고 판매수익 링크를 생성할 수 있습니다.

판매 수수료는 쿠팡 파트너스에서 생성한 URL을 통해 발생한 거래액의 3%로 애드포스트와 같이 매일 발생되는 수익 리포트를 확인할 수 있으며 그에 따라 지급 날짜에 등록한 계좌로 정산을 받을 수 있습니다. 그렇다면 블로그에는 어떻게 적용 가능한지 설명해 보겠습니다.

<쿠팡 파트너스 블로그 적용 과정(출처 : 쿠팡 파트너스 가이드)>

쿠팡 파트너스 회원 가입 후 원하는 상품을 검색하면 다양한 상품 리스트가 나옵니다. 리스트 중 내가 원하는 상품을 클릭합니다. 여기서 해당 상품에 대한 고유 링크를 생성하고 URL 혹은 HTML 주소를 복사합니다. 복사한 주소는 원하는 곳에 입력할 수 있는데 URL은 일반 포스팅에, HTML은 블로그 위젯에 적용할 수 있습니다. 실제 제가 쿠팡 파트너스를 포스팅 내에 적용한 사례를 보면 다음과 같습니다.

체험단이 아닌 개인 사비로 숙박했던 소노캄 여수 호텔 리뷰를 작성한 글에 쿠팡 파트너스 수익 링크를 첨부했습니다.

꼭 물리적인 상품 리뷰에만 적용할 수 있는 것이 아니고 숙박권처럼 쿠팡에서 판매

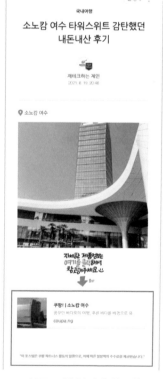

<블로그 글 하단에 첨부한 쿠팡 파트너스 수익 링크>

하는 모든 상품에 적용될 수 있습니다. 저처럼 본인이 이용한 서비스 혹은 회원권조차도 제한 없이 첨부할 수 있어 좀 더 다양한 형태로 수익 루트를 확보할 수 있다는 것이 장점입니다.

하지만 네이버 블로그 내에 해당 링크를 게시했을 때 네이버 이외의 타 사이트로의 잦은 이탈, 체류시간 감소 등의 이유로 검색 노출에서 누락될 위험도 있다는 것을 유의해야 합니다.

3) 카카오뷰

<카카오뷰 메인 화면(출처 : 카카오뷰 창작센터)>

최근 블로거 사이에서 새로운 수익 루트로 각광받았던 서비스가 바로 카카오뷰입니다. 모바일 메신저인 카카오톡을 기반으로 새롭게 선보인 매거진 형태의 콘텐츠 모음이라고 볼 수 있는데 누구나 에디터가 될 수 있어 접근성이 매우 높다는 장점을 가지고 있습니다.

 재테크하는제인
306일 전

주린이라면 꼭 봐야할 초보 주식공부 방법!!

주식 공부 어렵지 않아요~~
아직까지 주식 시장에 뛰어들지 못한 소심한
주린이들을 위한 지침서!!

 초보 주식 공부하는 법 : 제인은 이
렇게 했다
네이버 블로그 | 재테크하는 제인

주식공부하는법, 초보 기초 다지
기
네이버 블로그 | 재테크하는 제인

⬆ 공유하기   ♡ 좋아요 57

<재테크하는제인 카카오뷰 운영 화면(출처 : 카카오뷰 채널)>

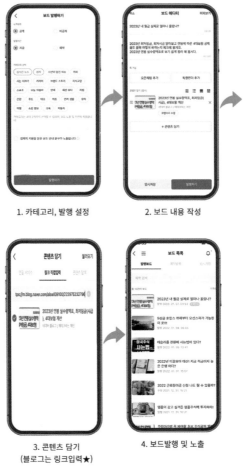

1. 카테고리, 발행 설정　　　2. 보드 내용 작성

3. 콘텐츠 담기
(블로그는 링크입력★)　　　4. 보드발행 및 노출

<카카오뷰 보드 발행 과정>

카카오뷰 창작센터에서 본인 계정을 만든 후 관심사에 따라 보드
를 발행할 수 있습니다. 보드는 쉽게 설명하면 좋은 정보를 여기저기
서 수집해 하나의 매거진 형태로 발행하는 것입니다. 카카오뷰 보드

는 300자 이내의 간단한 내용을 기재하고 연계된 채널을 연동하거나 좋은 정보를 담고 있는 문서의 링크를 직접 입력하면 쉽게 발행이 가능합니다. 블로그를 운영한다면 링크만 복사해도 하나의 보드가 완성될 수 있습니다.

또, 네이버에서 검색 노출이 되지 않는 포스팅도 카카오뷰에서 보드로 발행하면 새로운 노출 기회를 잡을 수 있어 더 다양한 루트로 내 블로그에 트래픽을 유입시킬 수 있습니다. 재테크하는제인 채널의 경우 주로 주식, 재테크에 대한 경제 분야 보드를 발행했고 네이버에서 검색 노출이 되지 않아 조회 수가 낮았던 포스팅도 카카오뷰를 통해 새로운 구독자를 유입시킬 수 있어 활성화에 도움을 받았습니다.

쿠팡 파트너스가 링크를 생성해 클릭과 상품 구매 발생 시 수수료를 창작자에게 지급한다면 카카오뷰는 본인이 작성한 글이 아니어도 링크만 가져와 새롭게 재구성하면 그 보드에 대해 고유의 콘텐츠로 인정해 주기 때문에 원본 글에 대한 저작권 이슈가 발생할 우려도 있습니다.

또, 본인 글로 새로운 보드를 생성한다 해도 알고리즘에 의해 노출되기 때문에 검색 사용자가 원하던 정보가 아니었을 때는 중도 이탈해 체류 시간이 감소할 수 있다는 점도 블로그 성장을 저해하는 요인이 될 수 있으니 유의해야 합니다.

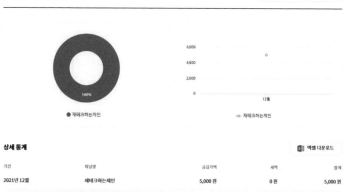

<재테크하는 제인 카카오뷰 콘텐츠 큐레이션 수익 화면

(출처 : 카카오뷰 창작센터)>

그러나 카카오뷰는 고유의 창작물이 아님에도 불구하고 본인이 유용하다고 판단하는 글들을 모아 보드를 발행하는 방법이기 때문에 초보자도 쉽게 접근할 수 있어 분명한 장점으로 작용할 수 있습니다.

또한 애드포스트, 쿠팡 파트너스처럼 매월 발생 수입을 현금으로 정산해 줍니다. 그러므로 지속적인 보드 발행, 다수의 노출 등이 꾸준히 진행된다면 비교적 적은 에너지를 투입하고도 수익을 얻을 수 있어 훌륭한 파이프라인으로 자리 잡을 수 있습니다.

4) 건 바이 건·월 보장·블로그 대여

그외 의뢰 1건당 일정 금액의 발행비를 받는 건 바이 건, 특정 키워드를 협의한 후 검색 순위 이내로 유지하는 조건으로 하는 월 보장 계약, 아예 블로그 명의를 대여, 대행하는 등의 형태로 수익이 발생하는 경우도 있습니다.

건 바이 건, 월 보장, 블로그 대여는 주로 대행사가 블로거의 메일이나 쪽지, 톡톡 등의 루트로 제안하는 경우가 많은데 각각의 특성을 자세히 파악하고 블로그 성장에 방해되는 일은 지양하는 것이 좋습니다.

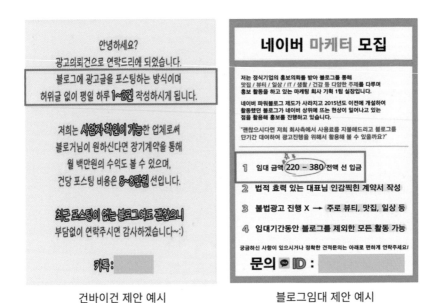

건바이건 제안 예시   블로그임대 제안 예시

<수익화 루트 중 조심해야 하는 제안 예시>

건 바이 건은 원고 업로드 시 1건당 일정 금액을 받고 진행하는 것으로 가이드에 따라 블로거가 직접 작성하는 경우도 있고 업체에서 사진과 원고를 주고 업로드만 요청하는 경우도 있습니다. 직접 작성

이 아닌 사진과 글을 받아서 업로드하는 경우 동일한 사진과 글을 다른 블로거도 올릴 수 있고 이 경우 유사 이미지와 유사 문서로 패널티를 받아 검색이 누락될 수 있기 때문에 지양하는 것이 좋습니다.

월 보장은 특정 키워드를 검색 순위 몇 위 이내로 유지하는 조건이 충족되면 계약된 금액을 받는 것으로 순위를 유지해야 하기 때문에 순위가 떨어지면 동일한 내용의 포스팅을 계속 발행해야 합니다. 월 보장 계약은 업체에서 제시하는 키워드의 경쟁 정도에 따라 제시받는 금액이 다르며 동일한 내용으로 잦은 발행을 했을 때 독자의 피로도를 유발할 수 있습니다.

특정 금액을 제시하고 블로그를 대여, 대행하겠다는 쪽지를 받는 경우도 있는데 이 경우 잦은 상업성 키워드 발행으로 신뢰도가 떨어질 수 있고, 불법적인 내용이 포함된 문서를 발행할 가능성도 있기 때문에 블로그가 저품질로 분류될 위험이 높습니다. 물론 임대 기간 동안 잘 쓰고 돌려주는 경우도 있겠지만 블로그를 돈 주고 사는 것이기 때문에 어떻게 활용하는지는 아무도 알 수 없습니다. 꾸준한 블로그 수익화를 생각하고 있다면 장기간 안정적인 수익을 가져다 줄 수 있는 루트로 볼 수 없습니다.

Blog

2. 협찬은 연예인만
받는 것이 아니다

대중에게 영향력 있는 인플루언서는 모든 생활 활동 반경에서 협찬을 받을 수 있습니다. 이 같은 활동으로 기업의 상품 판매에도 긍정적인 효과를 줄 수 있으므로 블로그 협찬이 활발히 진행되고 있습니다. 앞서 설명한 것처럼 블로그는 나를 드러냄과 동시에 일반 대중에게 홍보하는 전광판 역할을 하기 때문에 굳이 연예인이 아니어도 영향력이 있음이 증명된다면 먼저 협찬 의뢰가 오는 경우가 많습니다.

안녕하세요 제인 님. 실례를 무릅쓰고 연락드립니다!

제인 님의 컨텐츠 잘 보고 있습니다.

저희는 안전하고 위생적인 스테인레스 가전제품 전문회사 ＿＿＿＿＿＿입니다.

최근 스테인레스 오븐형 에어프라이어를 주력으로 판매하고 있으며, 코팅 철이나 플라스틱의 위험성을 걱정하는 분들의 많은 사랑을 받고 있습니다.

실제로 최근 많이 사용되는 '풀스텐' 이라는 용어를 저희가 최초로 사용하였으며, 내부 조리실 전체가 스텐으로 완성된 제품은 지금도 2~3개 제품 밖에 없습니다.

연락드린 것은 다름이 아니라 저희 신제품 ＿＿＿＿＿ 제품을 제공해드리고, 제품 리뷰가 가능하실지에 대해 문의드리고자 함 입니다.

＿＿＿＿＿ 제품은 국내 최초로 조리실 내부의 전 부품을 스테인레스 304 재질로 완성하여 주목을 받고 있습니다.

(전면 유리와 조명 커버는 안전한 강화유리) 또한 주방에 인테리어를 돋보이게 해줄 수 있는 외관 디자인도 호평을 받고 있는데요.

제인 님의 리뷰 포스팅 방향이나 분위기와 저희 제품이 아주 잘 어울릴 것 같아서 이렇게 조심스럽게 문의를 드립니다.

관심이 있으시면 회신 부탁드리겠습니다.

■   팀 드림

본사 홈페이지
https:/   co.kr

<기업에게 제안 받은 협찬 받은 예시>

주로 경제 분야의 정보성 포스팅을 하고 있는 재테크하는제인 블로그도 가끔씩 협찬 의뢰를 받는 경우가 있는데 대행사를 통하거나 협찬사에서 직접 의뢰하는 형태로 진행했습니다. 한 예로 얼마 전 모 가전 기업에서 저에게 직접 메일로 에어프라이기를 제공을 해주겠다며 리뷰 포스팅을 의뢰했습니다. 제 채널의 평소 리뷰 포스팅 방향이나 분위기가 해당 기업 제품과 잘 어울릴 것 같다며 본사 마케팅팀에

서 직접 제안한 경우로 상위 노출보다 해당 블로그와 제품의 합이 잘 맞는지가 더 중요한 포인트였습니다.

대행사를 통하는 경우 대부분 포스팅에 대한 대략적인 방향을 알려주는 가이드라인을 받고 리뷰하는 것으로 진행됩니다. 그러면서 원고 수정 컨펌과 블로거에게 원하는 느낌을 직접적으로 요청하는 피드백을 주기 때문에 여러 번 수정을 거쳐 번거롭게 느껴질 수도 있습니다. 하지만 에어프라이어 리뷰 의뢰 건은 대행사를 통하지 않고 본사에서 직접 제안을 해 30만 원 상당의 고가의 제품 제공과 마케팅 비용까지 받을 수 있어 혜택이 더 컸습니다.

uv 살균기 클리어스캔 어디서든 간편한 살균소독
2021. 8. 26. 💬 22

구강세정기 맘에 쏙 든 부드러움
2021. 6. 8. 💬 19

겨울철 동파방지 가정용 전기히터로 도움 받기
2021. 1. 10. 💬 21

전동칫솔 올바른 사용법과 스마트 구강관리
비공개
2020. 12. 17. 💬 6

미로가습기 NR10H 사용후기 및 실내 적정습도(내돈내산)
2020. 11. 29. 💬 32

거실러그 먼지없이 편하게 물세탁해요
2020. 11. 4. 💬 2

임산부 바디필로우 출산준비물 선물로도 딱 좋아
2020. 11. 2. 💬 20

몽디에스 치약(스피아민트) 내돈내산 후기
2020. 10. 31. 💬 6

<재테크하는제인 제품 리뷰 포스팅 모음>

이 모든 과정이 이루어질 수 있었던 것은 블로그에 과거 유사한 리뷰가 존재했고 그 포스팅의 상위 노출이 오랜 시간 잘 유지됐기 때문

입니다. 과거에는 연예인만 받는 거라고 생각했던 협찬이 이제는 일반 블로거도 가능하다는 이야기인데 중요한 것은 블로거로서 어떤 사람들에게 얼마만큼의 파급력을 가지고 있고 이를 증명할 수 있느냐는 것입니다.

또 다른 예시로 제가 기업에 먼저 제안한 경우도 있습니다. 제주도 여행을 계획한 중에 숙소도 협찬받을 수 있지 않을까 생각해 제주도 5성급 호텔에 체험단을 먼저 제안해 봤습니다. 놀랍게도 답신 메일이 왔고 이에 따라 제가 계획한 여행에서 최고급 호텔에 머물면서 식사와 숙박, 부대시설 등을 무료로 이용할 수 있었습니다. 그만큼 여행 예산이 절감돼 부담이 줄었을 뿐만 아니라 경험해 보니 정말 서비스가 괜찮은 곳이어서 포스팅에서도 자신 있게 리뷰할 수 있었습니다.

협찬은 나의 가치를 먼저 알아보고 제안해 주는 경우도 많지만 광고주가 나를 발견하지 못한다면 내가 먼저 제안할 수 있는 담대함으로 긍정적인 효과를 볼 수 있을 것입니다. 이에 따라 제안받는 상품 혹은 서비스의 금액이 달라질 수 있으며 협찬으로 물품을 구입하지 않아도 돼 지출을 줄일 수 있어 자연스럽게 블로그로 재테크를 할 수 있습니다.

3. 초보도 쉽게 할 수 있는 체험단·기자단

1) 체험단·기자단 뭐가 다를까?

블로그를 하는 사람이라면 어떠한 루트로든 한 번 이상 꼭 제안받는 것이 체험단과 기자단일 겁니다. 그러나 초보는 이 둘의 차이점을 명확하게 모르는 경우가 많습니다. 물론 대행사에서도 체험단과 기자단을 구분 없이 지칭하는 경우가 많아 대부분 혼용돼 쓰입니다.

그렇다면 어떤 것이 내 블로그를 안전하게 성장시키면서 수익도 가져다줄 수 있을까요?

체험단의 경우 대부분 특정 물건이나 서비스를 무상으로 제공받고 이에 대한 후기 포스팅을 하는 것인데 경우에 따라 직접 구입 후 페이백을 받거나 제품 이외에 발행비를 추가적으로 받을 수도 있습니다.

70

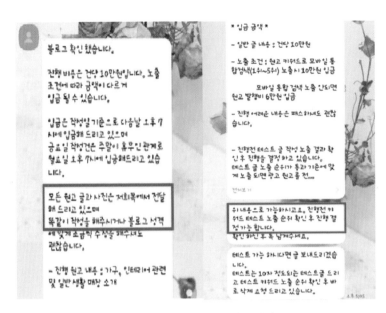

<주의가 필요한 기자단 제안 예시>

하지만 기자단의 경우 직접적인 체험보다는 주어진 자료를 가지고 정보성 포스팅을 쓰는 경우 혹은 체험단과 유사하게 경험한 것을 서술하는 경우가 많습니다. 간혹 사진과 원고를 그대로 받아서 블로그에 업로드만 하는 유형도 기자단으로 통칭하고 있습니다.

제가 예전에 기자단으로 의뢰받았던 내용을 예시로 들어 보겠습니다. 가구, 인테리어, 일반 생활 매장을 소개하는 내용의 기자단이라고 했지만 글과 사진을 의뢰하는 쪽에서 전달받아서 업로드만 하는 간단한 일이라고 하고 있습니다.

여기서 주의해야 하는 것은 똑같이 작성하거나 블로그 성격에 따라 조금씩 수정해도 된다고 하면서 기자단을 하기 위해서는 노출 순위를 확인할 수 있는 테스트를 거쳐야 한다고 하는 점입니다.

노출 순위를 보면서 동일한 글을 배포하는 형식으로 진행하기 때문에 누구에게 얼마나 많은 횟수로 발행되었는지 모르는 사진과 글을 올리는 건 당연히 블로그 품질 저하를 야기할 수 있습니다.

그렇다면 '새로운 원고와 새 사진만 주겠다고 하는 곳은 함께 일해도 될까요?'라고 묻는 분도 있을 겁니다. 물론 내가 그 원고의 처음일 순 있으나 과연 마지막이라고 장담할 수 있을까요? 앞으로 어디에 어떻게 뿌려질지 모르는 품질 낮은 원고를 받아서 굳이 내 블로그를 위험에 빠뜨리고 싶진 않을 겁니다.

따라서 웬만하면 본인이 직접 작성한 것만 업로드하는 것이 제일 안전하다고 생각하면 됩니다. 기자단이라고 의뢰가 들어왔지만 내가 직접 체험하거나 나의 생각을 정리해서 쓰는 경우가 아니라면 다른 블로거들과 이미지와 내용의 유사성이 높아지기 때문에 글의 신뢰도가 낮아지게 되고 쓸모없는 정보로 취급돼 검색 결과에서 누락될 확률이 높아집니다.

유사 이미지와 글로 인해 누락되는 포스팅이 많아진다면 그 블로그에 대한 신뢰도는 자연스럽게 하락합니다. 이는 검색 노출이 지속적으로 이루어져야 방문자 유입이 많아지는 블로그 성장에 치명적입니다. 블로그는 발행하는 글에 대한 신뢰성과 전문성이 올라가야만 지수도 같이 향상되기 때문입니다. 그러므로 체험단, 기자단 제안이 와도 내가 직접 할 수 있는 일인지 아니면 가이드만 받고 정보성 리뷰를 가공해서 작성할 수 있는 자율성이 있는지 확인하는 것이 가장 중요합니다.

2) 체험단 당첨 확률 높이는 방법

나는 체험단을 해보고 싶은데 도저히 뽑아주지 않는다고 호소하는 분들이 있는데 이럴 때 당첨 확률을 높이는 방법에 대해서 알아보겠습니다.

먼저 '다다익선 전법'입니다. 어떠한 물건이든 일단 체험단에 많이 선정되면 좋겠다고 생각하는 분이 실천하면 도움 되는 방법입니다.

> **(1) 정도는 없다. 무조건 많이, 자주 신청한다.**
>
> **(2) 최대한 경쟁률이 낮은 것으로 골라 확률을 높인다. 다만, 물품의 질과 양은 내가 원하는 것으로 선택하지 못할 확률이 크다.**

두 번째는 '집중 공략 전법'입니다. 이것은 내가 필요한 것 또는 제일 비싼 것 등의 목표를 수립하고 하나라도 제대로 된 것을 받는 것을 원하는 분에게 도움이 되는 방법입니다.

> **(1) 내가 목표로 하는 것만 신청한다.**
>
> **(2) 목표한 것과 유사한 제품 리뷰를 사전에 많이 써둔다.**
>
> **(3) 블로그의 전체적인 분위기를 내가 받고자 하는 물건과 비슷하게 가져 간다.**

확률을 높이고 싶다면 어떤 방법을 고르든지 개인 선택의 몫이지만 블로그로 수익을 내고자 한다면 궁극적으로는 두 번째 방법을 선택하는 것이 도움이 될 것입니다. 비록 당장 성과는 미미하더라도 브랜딩 측면에서는 확실히 집중 공략 전법을 선택했을 때 추가적인 협찬 의뢰 등의 부가적인 효과를 기대할 수 있기 때문입니다. 제대로 된 블로그를 운영하는 사람이라면 어떠한 방법으로 내 채널이 높은 홍보 효과를 낼 수 있는지를 고민해야 발전할 수 있습니다.

체험단 선정 확률에 영향을 미치는 요인은 크게 두 가지입니다. 방문자 수가 많아 높은 파급 효과를 기대할 수 있는 채널인지 또는 체험단으로 나온 제품의 쓰임새, 이미지 등이 블로그 분위기와 적절하게 융화될 수 있는 채널인지가 중요합니다. 따지고 보면 블로그로 홍보하는 것은 자신의 계정 및 채널이 하나의 전광판과 같은 역할을 하는 것이기 때문에 기존에 운영하던 분위기, 방향, 구독자 성향 등이 지대한 영향을 미칠 수 있습니다. 따라서 내 블로그를 객관화해 평가했을 때 그 가치가 높은지를 판단하는 것이 체험단 선정 확률을 높이는 방법입니다.

물론 하루 방문자 수가 많다는 것은 그만큼 큰 파급 효과를 가지고 있다고 판단할 수 있는 근거지만 꼭 방문자에 연연할 필요는 없습니다. 어느 정도 기본 파급력이 존재하는 것이 유리하지만 그것보다도 정말로 구매 의도를 가지고 검색하는 사람을 붙잡는 매력은 브랜딩이 잘 된 블로그이기 때문입니다. 직접 써본 리뷰가 얼마만큼의 신뢰도를 줄 수 있는지가 더 중요하게 작용할 수도 있다는 것입니다.

내가 신뢰하는 사람이 내가 사고 싶은, 혹은 이미 구매한 제품을 나보다 먼저 써보고 제대로 된 리뷰를 했고 그것을 참고해 물건을 구매했다면 그것은 성공적인 온라인 마케팅입니다. 따라서 방문자 수에 연연하지 않고 실질적으로 구매하는 사람에게 도움이 되고 구매력을 높일 수 있는 매력적인 포스팅을 하는 것에 집중해야 합니다. 이것이 장기적인 블로그 수익화에 도움이 되는 길입니다.

3) 광고주도 돌아보게 하는 글쓰기 꿀팁

사실 블로그 스킬 중에서 가장 기본이면서 중요하게 다뤄져야 하는 것이 바로 글쓰기입니다. 문맥을 매끄럽게 다루는 것과 말하고자 하는 내용의 핵심을 누구라도 한눈에 알아볼 수 있게 만드는 것은 글의 가독성을 높이는 일입니다. 따라서 탄탄하게 기본기를 다지는 것이 블로그 운영에 많은 도움이 됩니다.

이는 제가 블로그 수익화 강의를 진행할 때에도 늘 강조하는 부분인데 그 이유가 바로 누구나 내 글을 발견하고 볼 수 있기 때문입니다. 일반 검색 사용자뿐만 아니라 나에게 수익을 줄 수 있는 광고주도 언제든 내 글을 볼 수 있으므로 글쓰기 기본을 갖추는 것이 필요합니다.

따라서 검색 사용자와 광고주 모두를 만족시키면서 글의 퀄리티를 높일 수 있는 팁을 몇 가지 알아보고 기본적인 틀을 설계해 보겠습니다.

(1) 꼭 내가 경험한 것만 리뷰한다

블로그 포스팅의 핵심은 '나를 대신해서 블로거가 직접 경험한 소스를 내가 필요한 만큼 받아 간다'입니다. 시행착오를 줄이기 위해 또는 그 제품에 대한 궁금증을 해소할 목적으로 검색을 하고 이는 결국 블로거의 경험치를 신뢰한다는 이야기가 되는 것입니다.

상품 리뷰 중에서 대행사에서 뿌려진 가이드를 그대로 옮겨 적은 듯이 글을 쓰는 사람을 종종 볼 수 있습니다. 동일한 제품에 대한 리뷰를 할 때 상업적인 리뷰와 그렇지 않은 리뷰의 차이점을 예시를 들어 비교해 보겠습니다.

A 블로거 : 국내 화장품 제조 전문 회사인 A사의 OO 수분크림은 OO 성분이 10% 함유되어 피부 진정과 주름 개선에 효과가 있다고 합니다. 저 또한 직접 피부에 발라보니 즉각적인 수분 보충과 피부결 정돈 등의 효과를 체감할 수 있었는데 이 제품의 경우 2022년 OO 협회에서 주관하는 블라인드 테스트에서 1위를 하면서 미국 FDA 승인까지 받아 그 성분을 더욱 신뢰할 수 있게 되었습니다.

B 블로거 : 가을바람이 살랑살랑 이제 환절기 시즌이 된 것 같아요. 건성인 저는 이맘때부터 슬슬 피부가 목말라한답니다. 어떤 수분 템을 써볼까 마구 찾아봤는데 어머나! 제 친구가 저에게 슬며시 이거 써보라고 알려준 OO이 있었어요. 평소 워낙 악건성에 트러블도 잦은 편이라 예민해진 피부를 진정시켜줄 크림이 필요했는데 OO 수분크림을 일주일 정도 써봤더니 3일 후부터 피부결이 정돈되고 피부 당김 현상도 줄어든 것 같아 편안해졌답니다. 나중에 찾아보니 최근 블라인드 테스트에서 1위를 했다는 소식과 미국 FDA 승인 소식까지 들으니 제 피부가 편안했던 것이 성분조차 착했기 때문이라는 생각에 믿음이 더 갔던 것 같아요.

이 두 명의 블로거가 쓴 리뷰의 차이점이 느껴지시나요? 같은 내용을 쓰더라도 직접 경험해 본 생생한 리뷰야말로 블로그의 경쟁력을 높이고 신뢰할 만한 정보라는 것을 인증해 주는 것이고 그것이 바로 블로그를 찾는 사람의 가독성과 구매력을 높일 수 있는 핵심 요인입니다. 그러므로 직접 경험해 본 생생한 리뷰는 블로거 고유의 특성을 잘 보여주는 방법입니다.

(2) 짙은 광고 냄새는 오히려 거부감을 부른다. 자연스럽게 풀어가자

글쓰기를 할 때 주의해야 하는 점은 아무리 내 블로그가 광고를 위한 전광판 역할을 한다 해도 대놓고 짙은 상업 냄새를 풍길 필요는 없다는 것입니다. 우리가 흔히 알고 있는 드라마에 나오는 광고를 생각해 볼까요? 주인공이 어떤 일을 몰두하다가 뜬금없이 특정 물건을 사용하는 모습이 나오는 PPL이라면 시청자는 매우 당황스러울 것입니다. 대놓고 광고를 하니 호응을 얻지 못할 뿐만 아니라 제품에 대한 거부감까지 가져올 수 있어 효과적인 광고 방법은 아닙니다.

이를 블로그에 대입하면 홍보라는 것이 판매를 위한 구매 전략을 내포하는 글을 쓸 수밖에 없지만 최대한 나의 스토리텔링에 맞게 자연스럽게 드러내는 방식을 취해야 읽는 사람이 거부감이 덜 든다는 이야기입니다.

블로그라는 특성을 살리고 텍스트로 전달할 수 있는 생생한 리뷰를 어떻게 하면 자연스럽게 쓸 수 있을까요? 그것은 바로 나만의 스토리텔링을 가지고 있어야 한다는 것입니다. 개인적으로는 육하원칙에 의해서 쓰는 것을 선호하는데 누가(내가 혹은 가족, 지인), 언제, 어디서, 무엇을(제품 또는 서비스), 왜(사용 목적), 여기에 더해 어떻게(직접 사용 후 느낀 점, 장단점 등)를 구체적으로 쓰면 자연스러운 스토리텔링이 완성됩니다.

LG제습기(DQ200PPBC) 1등급 구입으로 알찬 내돈내산 구입(에너지효율환급)

안녕하세요. 제인입니다.

오늘은 오랜만에 처음인 효과를 구입 후기를 써보려고 합니다. 벌써 하셨기 쌓아가긴아마는 총 여름에 꿉꿉받던 처리 집이 습찬을 잘시 못바고 결국 저번 8월 제습기를 구매하게 되었습니다.

1. WHO : 내가
2. WHY : 장마기간 불쾌한 집안 환경을 쾌적하게 바꾸기 위해
3. WHEN : 8월경 구입

구입해들고 이렇게 건조함이 밀습되어진 기을어 치유들 큰다는 것이 싫고른 높은걸이 있지만 그래도 지갑 시들여 보았서 이런 부분에서 안난점이 많았는지 생생해서 리뷰 해보고 찾아드리도록 할게요!!

일단 저는 제습기(DQ200PPBC)를 사볼까고 마음먹고 올리피스, 이^폭 등을 둘아다니면서 가격을 알아보는데요.

일단 57만원이었내요!!! 가격이 처음 받던 5%보였구요... 그러면서 처는집이 저희지 (통글 기준이나 해^피스를통한공신방에지 관다른 57만원점도로 구입할 수 있다고 하니요.

올은디지털, 강배이 대량 여배를 알아자르면서 처음 둘씨올차겠던 저는 일단 찾아봤습니다!! 와^!?

처는 제에니라는 저집이나간요_ 저 가성비 좋게 구입하고 싶은 데습인데!!

네이버쇼핑에서 LG제습기(DQ200PPBC)를 검색해봤고요, 저, 45만원대를 발견했습니다!!!

처가 네이버로 지정하는 카봉이 대부나는 것 아니냐고 생바도요고 인대서 쓰기 똑같이 하나건고!

가격에 따라 말랭한 에비지도를 (통글몰글금에지 취를 두 45만점대 구입할 수 있는 건 같았어요.

한지에너로 주문 흔 것입니다. 바^! 제일 쫀 20과 올 추문받기 때문이군.

처윤 구입솔은 건강했고요, 본식 * 본품... 요 3종들!!!

당연히 개시간 필러가 있어서 나름에는 별다 견임에 대해서 한번 깊혀 배도호 봤네요.

개인적으로 이 뒷쪽에 보면 구매약으로 관을 연결하서 쏘시는 분들이 있다고도 하던데 저는 그 받이니 않더니고 싶어서 일단한 과정아이 물흘흔 바꾸나흔 했습니다.

LG제습기가 물들에 냄새하면서도 가네고 싶기가 어쩌 찬한게 내린다라구요. 개인적으로 제가 흘 인물에저시 때문에 자니날께 살 가전거 드론으나다!

누구니도 쉽고 편해게 써볼수 있답니다 이정 없어요!!

와! 여기나 조심해서야 하는 것은 말씨_!! 소리가 날 하게자 의상론새해 쓴다는 것입니!!!

벌컨 사는트룬 둘어가서 생데까시긴 너림게 무엇어 제 블불게 이놈가 써나오더라고.

위^어 잘결 가습에라는 인지용 저희가 가원 선택해 모음들 시판금하수신냐!! 알고 구매했어요.

개인에모드는 드라이를, 저희길 같은 확진알 아파트에 발케르흔 할 체 쓴기 좋을 것 같아요.

4,5. WHAT, WHERE : 가습기를 오프라인에서 제품 확인 후 온라인 사이트에서 구매 (온라인 구매의 장점, 차후 포인트 환급에 대한 안내)

운전모드가 6가지 있어요. 스마트제습, 파속제습, 게으롬제습, 집중건조, 비홈건조

개인적으로 저희깊 드라스올이 매우 슬해야 할 때는 드라스볼에 저집 맞혀줄 맞춰줄고 사용하고 있어요.

자유로운 가원에는 좀이 사왕을 필요가 없어서 저작하 우신다는 분들이나!!

벌게 건조가 없어 주시는 것도 좋은 방법 같아요.

제품에 대한 대략적 설명

개인에모근 느껴잔 쓴쓴 장점으로는 위원에게, 세워야나가 나오는 쓴도 관게, 그리고 나른 세튼룬는 니쓰나 바른 느흐고 바른 쓰순이 사라나는 두일 관세이건 간티고 바홈크게 지슬을련는 경이 좋습니다!!

회러^게 든 심이 온 생나에서는 LG 제습기(DQ200PPBC) 정말 알 뜻에서 써져게도 아주 희사랑이랍어죠.

올은 에너지효율환급을 지원에서 써서 잔 힘도 한 투돌 된답니다!!!!!

만에도차에 가운 구매받고 가! 차후 생네까지시는 분들에는 꾸알에서 꼭 않네저희를 이용하시라고 생각드뤼고 싶어요.

6. HOW : 구입후기, 실사용 후기, 느낀 점, 제품 장점과 단점 기재

이상! LG제습기 안물른!!!

가벼운 줄 씨져나!!

게임을 쯤이 탄다는 건같나가._

롤 높은 기겐아 넘니다._ ********

그러도 이가 초곱약 쯤도 공읽읽까 읽어하나고 포님이 효는 쯤 안개기어나에 상가예사는 분들은 꼭 사용이 가동하시려라고 생각이에요.

와! 이건 네온샛쇄탑입니다.

<육하원칙에 의한 글쓰기 예시>

78

제가 작성한 제습기 상품 리뷰 글로 육하원칙에 의해 작성한 글쓰기 예를 들어 보겠습니다.

1. WHO : 내가

2. WHY : 장마기간 불쾌한 집안 환경을 쾌적하게 바꾸기 위해

3. WHEN : 8월경 구입

4,5. WHAT, WHERE : 가습기를 오프라인에서 제품 확인 후 온라인 사이트에서 구매 (온라인 구매의 장점, 차후 포인트 환급에 대한 안내)

6. HOW : 구입 후기, 실사용 후기, 느낀점, 제품 장점과 단점 기재

7. 기타 제품에 대한 대략적인 설명

이것을 골자로 글쓰기를 진행했는데 단순히 제습기가 필요해서 구매를 했고 제품의 기능을 나열하는 글쓰기는 단순한 정보전달 수준에 그칠 수 있습니다. 하지만 내가 언제, 어떠한 이유로 제품을 구입했고 그 방법과 직접 어떻게 사용했을 때 활용도가 높았는지 장단점을 기재하는 육하원칙에 의거한 글쓰기를 한다면 좀 더 자연스럽고 다채로운 문서가 완성될 수 있습니다. 짙은 광고 냄새를 풍기기 보다는 독자의 궁금증을 모두 해소시킬 수 있는 육하원칙에 의거한 글쓰기 습관을 가진다면 좀 더 자연스러운 스토리텔링이 될 수 있을 것입니다.

(3) 검색 사용자가 원하는 진짜 정보를 써준다

블로그의 가장 중요한 기능은 역시 정보를 명확하게 검색 사용자에게 전달하는 것입니다. 어떤 글이든 검색 사용자가 원하는 진짜 정

보가 들어가야 그 글에 대한 당위성이 성립됩니다. 결국 알맹이가 없는 글은 낚시라는 생각만 들게 해 검색 사용자가 외면하게 되고 체류 시간 하락이라는 결과를 야기합니다. 이것은 블로그 신뢰도를 떨어뜨리는 요인 중에 하나입니다.

예를 들어 '임산부 영양제'라는 키워드에서 검색 사용자가 원하는 정보는 임신 시기에 따라 섭취해야 하는 영양제 종류입니다. 하지만 검색 상위에 노출된 '임산부 영양제 꼭 챙겨야 하는 리스트'라는 제목의 글을 클릭했는데 막상 내용은 임신 전에 임신을 위해 먹어야 하는 영양제라며 A사의 영양제 복용을 추천하는 내용을 다루고 있다면 검색 사용자의 의도에 반하는 글이기 때문에 끝까지 읽지도 않고 이탈할 가능성이 커집니다.

따라서 광고도 효율적으로 하면서 검색 사용자도 만족할 수 있는 글은 임산부 영양제 복용 시기(정보) + 임신 전 준비부터 섭취하면 좋은 영양제(광고)라는 형식으로 구성해야 합니다. 이렇게 홍보를 담고 있더라도 그것을 감안하고 볼 정도의 진짜 정보를 내포하고 있어야 검색 사용자의 중도 이탈을 막고 내 블로그에 대한 신뢰도도 함께 쌓을 수 있습니다.

(4) 광고주의 니즈를 파악해 구독자와의 균형 맞추기

결국 블로그로 꾸준히 수익을 내려면 광고주가 원하는 것과 검색 사용자가 원하는 것의 균형을 잘 맞춰야 합니다. 광고주가 '나'를 찾게 하려면 그들이 원하는 것을 먼저 파악하는 것이 선행되어야 합니다. 즉, 내 블로그가 홍보를 하기에 매우 최적화된 도구라는 것을 광고주에게 어필해야 하는데 그러려면 유사한 포스팅을 지속적으로 노출시켜야 합니다.

예를 들어 나는 청소기 협찬을 받고 싶은데 상품 리뷰가 한 개도 없는 상태라면 아무리 잘나가는 블로거라고 할지라도 과연 협업 상대로 적합한지 광고주 입장에서는 고민이 됩니다. 협찬을 받는 것도 유사 경력이 있어야 기회도 주어지는 것이므로 미리 나를 어필할 수 있는 환경을 조성해 두는 것이 중요합니다.

또, 상위 노출을 원하는지 아니면 진짜 이용하고자 하는 사람들에게 비칠 수 있는 파급 효과를 원하는지, 불특정 다수를 대상으로 홍보 효과를 누리고 싶은지 등 세세한 요구사항은 광고주마다 다르므로 이를 빠르게 캐치하고 준비하는 것이 우선돼야 합니다.

하지만 광고주만을 위한 글을 지속적으로 발행한다면 진짜 내 글을 보려는 구독자와는 점차 멀어질 수 있습니다. 그러므로 광고주의 니즈를 구체화시키면서 평소 나의 톤&매너를 유지하며 구독자도 함께 고려하는 균형을 맞춰야 합니다.

저 같은 경우에는 광고와 일반 글의 비중을 맞추기 보다 광고 글을 연속적으로 3개 이상 업로드하지 않습니다. 3개를 연속 업로드했을 때 반드시 다음 글은 제 생각을 쓰거나 독자들에게 필요한 정보성 글을 기재하는 편입니다.

또, 저만의 원칙 중 하나는 경제 블로거로서 자칫 오해를 사거나 독자에게 피해가 갈 수 있는 상업성 광고는 받지 않는 것입니다. 예를 들어 대출(정부 상품 제외), 코인, 보험 등의 상품은 광고로 진행하지 않는다는 원칙을 가지고 있습니다.

저는 인플루언서 활동을 하면서 제 글이 가진 힘을 체감하고 있습니다. 제가 쓰는 글의 파급 효과로 글을 읽는 사람에게 피해를 줄 수도, 기분을 상하게 할 수도 있기 때문에 더욱더 조심스럽게 글을 쓰는 편입니다. 그래서 광고를 하더라도 제 스스로 생각했을 때 이 글을 읽는 사람에게 정말 도움이 될 만한 상품이나 정보인지를 판단해 조금이라도 문제가 생길 소지가 있다면 그 광고는 받지 않는다는 신념을 가지고 있습니다.

이러한 신념 덕분에 비록 좀 더 많은 돈을 벌 기회는 놓치더라도 제 글을 믿는 독자들은 꾸준히 증가하고 있습니다. 독자의 긍정적인 반응 덕분에 제가 생각하는 좋은 광고도 꾸준히 들어오고 있으므로 독자와 광고주 간의 균형을 잘 맞추고 있다고 생각합니다.

4) 초보도 쉽게 도전할 수 있는 체험단 사이트

(1) 레뷰(REVU)

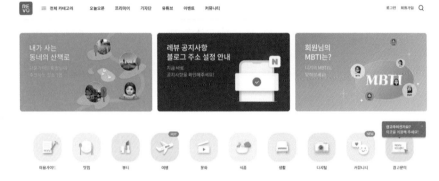

<레뷰 홈페이지 화면(출처 : 레뷰)>

가장 대표적인 인플루언서 마케팅 서비스인 레뷰는 인스타그램과 블로그, 유튜브에 따라 모집하는 캠페인이 다르고 SNS 종류에 따라 프리미어 서비스가 있어 협찬 이외 현금성 지원(원고료)도 받을 수 있습니다.

맛집, 카페 체험단이 비교적 잘 선정되는 편인데 이는 지역을 기반으로 리뷰어를 선정해 경쟁률이 다소 낮을 수 있다고 보입니다. 또, 앱이 활성화돼있어 모바일 사용이 편합니다. 다만, 이용자가 많다 보니 상대적으로 제품 체험단은 선정 확률이 낮은 편입니다. 또, DSLR 같은 카메라로 사진 촬영을 요구할 때도 있어 초보 블로거라면 선정이 쉽지 않아 보입니다.

포인트 제도는 1만 원 이상 모이면 출금 신청을 할 수 있습니다. 월

3회 신청 가능하고 신청 5일 후 지급됩니다.

(2) 티블

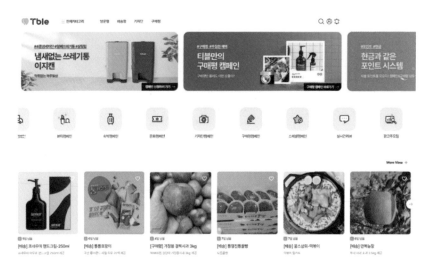

<티블 홈페이지 화면(출처 : 티블)>

티블은 소비자 리뷰를 제품 품질보다 더 중요하게 여긴다는 사이트답게 방문자 수가 적어도 글쓰기 실력이 좋은 블로거라면 선정 확률이 높다는 후기가 많습니다.

제품형의 선정 확률이 레뷰보다 체감상 높다고 하지만 방문형 캠페인이 많지 않아 맛집, 카페 등을 소소하게 체험단으로 이용하는 분이라면 다소 아쉬울 수 있습니다. 또, 기자단 활동으로 제공되는 포인트는 5만 포인트 이상이면 환급 신청을 할 수 있습니다.

(3) 링블

<링블 홈페이지 화면(출처 : 링블)>

'당첨률 높은 체험단'이라는 문구를 로고에도 넣을 정도로 이를 대대적으로 홍보하고 있는 링블은 레뷰, 티블에 비해 당첨 확률이 높다는 평이 많습니다. 제품도 다양한 편인데 방문형의 경우 포인트를 쌓아 출금 가능합니다.

포인트 제도가 잘 되어 있어 출석체크와 위젯 설치 등의 조건으로 기본 3천 포인트를 얻을 수 있고 후기 작성 시에도 2천 포인트 지급 등 블로거가 부수입을 올릴 수 있는 부분이 있어 초보자도 쉽게 접근할 수 있습니다. 3만 포인트 이상부터 현금으로 환급 가능하며 1만 포인트 단위로 환급할 수 있습니다.

(4) 리뷰플레이스

REVIEWPLACE   제품   지역   기자단   구매평

선정확률 높은 캠페인

[세종] 세종안경에서 10만원 상...
10만원 자유이용권(안경,선글라스...
D-6   신청 0 / 1명

[경기/수원] 프리미엄1등급 암...
(6인 환상담/2인기준) 프라미엄 1등...
D-6   신청 2 / 5명

[쿠팡/하이포닉] 하루 5분 케어...
[하이포닉] 타이어스케일 리무버 1ea
D-6   신청 2 / 20명
22,000P

[전국/상담] 전국 최대 1급 심...
심리검사 또는 심리상담 (10만원 상담)
D-5   신청 3 / 10명
얼리라서 + 90,000P

[평택/안중] 다양한 디저트가 ...
쇼의 지원금 25,000원(입장료 + 음...
D-5   신청 0 / 3명
25,000P

<리뷰플레이스 홈페이지 화면(출처 : 리뷰플레이스)>

리뷰플레이스도 앱이 있어 모바일로 신청과 관리를 할 수 있다는 장점이 있습니다. 또, 선정 확률 높은 캠페인을 따로 보여줘 빠르게 다수 캠페인에 응모할 수 있어 간편하고 효율적이면서 동시에 선정 확률도 높일 수 있습니다. 일반 제품 제공형도 있지만 직접 블로거가 선결제를 한 후 구입한 금액만큼 포인트로 페이백을 해주는 유형의 체험이 활성화돼 있는 것이 특징입니다. 앞선 사이트와 마찬가지로 포인트 제도를 운영하고 있으며 1만 포인트 이상이면 출금 가능합니다.

4. 포스팅 가치 평가의 끝,
전문가 필진 되기

꼭 내 글을 내 블로그를 통해서만 발행해야 하는 것은 아닙니다. 내 글을 다른 공신력 있는 기관에서 필요로 하는 경우가 있는데 이런 경우 전문가 필진으로 초청받을 수 있습니다. 전문가 필진이란 정기 간행물에 특정 분야에 대한 전문성을 기반으로 글을 기고하는 사람입니다. 일반적으로 블로거라고 하면 본인 일상에서 발생하는 여러 이슈를 자연스럽고 친밀감 있게 쓰는 사람이라고 생각하는데 특정 분야에 전문성이 있다고 여겨지기도 합니다.

하나손해보험 블로그 전문 필진

제인

@alswl09100

- 네이버 경제/비지니스 분야 인플루언서
- 네이버 블로그 "제인의 재테크 요모조모" 운영

<하나손해보험 블로그 필진 명함 이미지>

필진소개 〈제인〉

주식, 펀드, 연금 등 다양한 경제 관련 콘텐츠를 보유하고 있는 재테크 전문 파워블로거입니다 쩐테크, 부업 도전으로 고군분투하며 재테크 고수를 꿈꾸고 있습니다

제인 블로그 바로 가기: https://blog.naver.com/alswl09100

해당 필진 콘텐츠는 신도리코 기업블로그의 공식적인 의견과 다를 수 있습니다

<하나손해보험 블로그 필진 소개 화면>

하나손해보험   2020. 11. 24. 14:00   URL 복사

하나손해보험에서는 매월 1회,
경제적 독립을 꿈꾸는 여러분을 위해
전문가 칼럼을 진행합니다.
전문가가 직접 이야기하는 꿀팁, 금융 지식을 체크하세요!

<하나손해보험 블로그에 전문가 필진으로 기고한 글>

저는 두 번의 전문가 필진 경험이 있습니다. 기업이 온라인 마케팅을 위해 블로그를 이용하고 있으나 상위 노출이나 블로그 특유의 분위기를 잘 살리지 못해 자사 블로그에 게시할 글을 저에게 요청한 경우였습니다.

즉, 해당 분야에 다수의 포스팅이 발행돼 있어야 하고 영향력을 뒷받침할 수 있는 이웃 수, 하루 방문자 수 등이 높게 유지된다면 전문가 필진으로 좀 더 많은 제안을 받을 수 있습니다.

콘텐츠 제휴 절차는 크게 5단계로 진행됩니다.

> **(1) 주제 협의 : 기업 측에서 먼저 제시하거나 블로거가 직접 기획(안) 제출**
>
> **(2) 원고 작성 및 디자인 편집**
>
> **(3) 기업이 원하는 플랫폼에 후가공된 원고 업로드**
>
> **(4) 업로드된 포스팅 URL 전달, 요약본 2차 활용으로 개인 채널 업로드**
>
> **(5) 비용 지급**

전문가 필진으로 초청돼 콘텐츠 제휴를 하게 되면 좋은 점은 주제와 타깃만 정해진다면 자유롭게 글을 구성할 수 있다는 점입니다. 또, 노출에 대한 요구가 따로 있지 않는 이상 로직에 맞춰 써야 한다는 부담을 덜 수 있어 오히려 자연스럽고 진정성 있는 글이 나옵니다. 한번 경험이 있다면 다양한 분야의 기업에서 온라인 마케팅을 할 때 이전 기고 글을 참고해 제안하는 기회가 있을 수 있습니다.

필진 초청 시 전문성 있는 글을 생산해 내는 것이 쉽지 않아 어렵게 느껴질 수 있는데 오히려 블로그 특성을 살리면서 친근하고 독자가 생활 속에서 체감할 수 있는 에세이 느낌을 원고 방향으로 잡는다면 높은 호응을 얻을 수 있습니다.

따라서 전문가 필진이야말로 평소 내가 쓰는 글의 가치를 가장 높은 단계로 평가받을 수 있고 글에 대한 진정성, 전문성, 파급력까지 모두 인정받는 것을 의미하므로 꼭 한 번은 해봤으면 하는 수익화 루트입니다.

CHAPTER 4.

초급 코스(월 50만 원 벌기)
: 돈이 되는 글쓰기를 위한 기초 다지기

1. 매력적인 블로그를 만들기 위한 주제 선정

초급 코스는 블로그에 대한 기초를 탄탄히 잡아가는 단계입니다. 무턱대고 글을 쓰는 것보다 기본에 충실하고 네이버 검색 알고리즘을 분석하면서 로직에 맞는 글을 쓰는 것이 중요합니다. 이를 위해서는 블로그 검색 랭킹의 기본 원리를 이해하고 내 포스팅에 올바르게 적용하는 것을 우선해야 합니다.

1) 내가 관심 있어야 오래간다

강의를 하다 보면 매번 수강생들이 호소하는 것이 주제를 정하지 못하겠다는 푸념입니다. 아무래도 글을 쓰는 일이다 보니 마음먹고 쓰려면 시간이 너무 오래 걸리고, 에너지를 쏟는 것에 비해 수익은 잘 나지 않으니 금방 지치게 됩니다.

그래서 제가 드리는 조언은 지금 당장 관심 가는 것을 조금씩 써보는 것입니다. 만약 내가 최근 임신을 해서 아이와 관련된 정보를 많이 찾아보고 나의 경험담을 조금씩 기록해 보고 싶다면 블로그에 '내가 느꼈던 임신 초기 증상 5가지(증상 나열)' 정도의 제목으로 가볍게 써보는 것이 좋습니다. 현재 임신을 하고 있고 앞으로 출산이 예정되어 있기 때문에 주변에서 얻는 조언도 많을 것이고 본인도 관심이 있어 글 쓰는 것에 어려움이 없기 때문입니다.

하지만 뜬금없이 내가 관심도 없는 IT 리뷰나 경제 정보를 주기적으로 게시해야 한다면 한두 번은 자료를 찾아서 열심히 글을 쓸 수 있지만 이 작업을 반복적으로 해야 한다면 부담이 될 수밖에 없습니다. 한마디로 취미로 시작한 블로그가 어느 순간 일이 되어버리게 되는 셈인데 그러면 부담감에 로그인도 하기 싫어지는 부작용을 겪을 수도 있습니다.

엔터테인먼트 예술	생활 노하우 쇼핑	취미 여가 여행	지식 동향
문학 책	일상 생각	게임	IT 컴퓨터
영화	육아 결혼	스포츠	사회 정치
미술 디자인	애완 반려동물	사진	건강 의학
공연 전시	좋은글 이미지	자동차	비즈니스 경제
음악	패션 미용	취미	어학 외국어
드라마	인테리어 DIY	국내여행	교육 학문
스타 연예인	요리 레시피	세계여행	
만화 애니	상품리뷰	맛집	
방송			

<네이버 블로그 주제 카테고리(출처 : 네이버 블로그)>

네이버 블로그 주제 카테고리는 총 4개 파트, 31개 분야로 분류되는데 4개의 큰 파트 내 하위 주제들은 같은 맥락이라 볼 수 있습니다. 따라서 만약 내가 블로그 주제를 선정하기 어렵다면 이 31개의 카테고리를 펼쳐 보고 내가 현재 어떤 관심사를 갖고 있는지, 내 생활과 겹치는 분야는 어딘지 고민해 보면 답을 찾을 수 있습니다.

시작을 두려워할 필요는 없습니다. 하다못해 '쓰레기 분리수거하는 법', '과일 보관법' 같이 아주 사소한 것도 정보가 될 수 있습니다. 글을 쓰려고 일부러 노력하기보다 내 생활을 '정보화'해 기록하는 것부터 시작하면 즐겁게 블로그를 운영할 수 있을 것입니다.

2) 남들도 궁금해할 만한 것을 찾아보자

수강생들과 상담을 할 때 참으로 안타까운 일 중에 하나가 '제인님이 1일 1포스팅을 꾸준히 하라고 해서 열심히 했는데 전혀 발전이 없다'라며 절망하는 경우입니다. 분명 알려준 대로 내가 관심이 있는 분야를 선정해서 하루에 1포스팅 이상 꾸준히 몇 달을 노력했는데도 방문자 유입은 물론 수입의 변화도 없어 지쳐간다면 무엇이 잘못된 것일까요?

스스로 물음을 던져봅시다. 과연 이 블로그는 '나'를 중심으로 하는 것일까? 아니면 '독자'를 중심으로 하는 것인가?

앞에서 주제를 정할 때 가장 중요한 것이 내가 관심이 있어 꾸준히 노력을 기울일 수 있는 분야를 선택하는 것이라고 했습니다. 물론 이 말이 틀렸다는 것이 아닙니다.

꾸준히 양질의 정보를 글로 생산하는 것을 가장 최우선적으로 고려해야 하지만 방문자 유입이나 수입은 전혀 다른 분야의 영향을 받기 때문에 한쪽으로 치우쳐 있으면 문제가 됩니다. 방문자 수가 많은 인기 블로그를 만들기 위해서는 '나'만 생각하기보다는 검색 사용자의 호기심, 궁금증 등 소위 말하는 '니즈(Needs)'를 우선 파악해 타깃팅이 가능한 포스팅을 해야 합니다.

쉽게 생각하면 내가 알고 있는 노하우, 지식, 경험 등을 블로그를 통해 나눠줘야 하는데 역으로 이것을 궁금해하는 검색 사용자가 누가 될 것인지 고민하고 이를 고려해 글을 쓴다면 주제 선정이 좀 더 쉬워지지 않을까 생각해 봅니다.

3) 한 가지 주제로 한정하기 어렵다면 비율을 정하자

한 가지 주제로는 도저히 매일 포스팅을 하는 것이 어렵다고 생각되면 최대 2~3개의 서브 주제를 정하고 꾸준히 글을 써보는 게 좋습니다. 다만, 내가 노출시키고자 하는 주력 분야를 정하고 서브 파트와의 비율을 7:3 정도로 유지합시다.

예를 들어 재테크하는제인 계정의 주력 분야는 경제·비즈니스지만 제가 평소 여행 다니는 것을 좋아해서 가끔 국내여행 리뷰도 올립니다. '나는 경제 글 3개를 쓰면 여행 글 1개를 올리겠다', 이런 식으로 본인이 규칙을 정하면 되는데 이렇게 하면 이것저것 쓰면서 너무 많은 분야가 섞여 정체성이 모호해지는 것을 방지할 수 있습니다.

이제까지 블로그를 운영하면서도 느꼈지만 검색 사용자와 네이버는 전문가의 글을 원하고 있습니다. 경험치가 많이 쌓여 그 노하우를 공유하는 블로거가 쓴 글에 대한 신뢰도가 높다는 것을 의미하는 것인데 그러기 위해서는 브랜딩 하고자 하는 특정 분야의 글을 다양하게 자주 발행해 정보를 누적시키는 것이 중요합니다. 한 분야에 대한 개인의 노하우를 방출하기 위해서는 본인 관심 분야를 파악해 지속적으로 포스팅하는 것을 우선해야 합니다. 혹, 이것이 부담스럽다면 서브 파트를 두되 적정 비율을 유지하는 것만이 전문성을 유지하는 방법입니다.

2. 로직을 이해하고 글을 쓰면 상위 노출이 보인다

흔히 '검색 알고리즘의 선택을 받아야 떡상한다'라고 표현할 정도로 글, 영상이 노출되기가 쉽지 않습니다. 알고리즘은 인공지능에 의하여 특정 방식 혹은 검색하는 사람이 기대하는 검색 결과에 따라 가장 정답에 가깝다고 판단되는 글을 상위에 노출시킵니다. 따라서 '검색에 잘 나오는 블로그'가 되기 위해서는 알고리즘 로직의 개념과 특성을 잘 파악하는 것이 중요합니다. 앞으로 나오는 3가지의 로직은 네이버의 가장 대표적인 로직이며 기본적인 개념을 이해하고 글쓰기에 접근한다면 검색 노출에 보다 용이해질 수 있다는 것을 유념해야 합니다.

1) 검색엔진 최적화(SEO)

키워드

검색엔진 최적화

Search Engine Optimization

링크

콘텐츠

<검색엔진 최적화를 좌우하는 3가지 요소>

먼저 글쓰기 로직을 배우기 전 가장 기본적으로 알고 있어야 하는 개념이 바로 '검색엔진 최적화'입니다. 이 작업은 사이트 내 콘텐츠 정보를 검색엔진이 잘 이해할 수 있도록 정리하는 작업입니다. 이 작업을 통해서 내 콘텐츠를 네이버 검색 결과에 누락되지 않도록 조치할 수 있고 사용자가 원하는 콘텐츠의 내용을 명확하게 검색엔진에게 알려 줄 수 있습니다. 즉, 검색엔진 최적화 조건만 잘 지켜도 누락되지 않고 랭킹에 순조롭게 오를 수 있다는 뜻이며 그만큼 글의 수준도 높게 유지될 수 있습니다.

SEO를 평가하는 가장 중요한 3가지 요소는 키워드, 링크, 콘텐츠입니다. 키워드는 너무 길지 않은 30자 내외 간결한 제목과 핵심만 검색 사용자 욕구에 맞게 전달할 수 있도록 구성돼야 합니다. 제목이 간결해야 하는 이유는 제목이 본문을 대표하는 격으로 각각의 키워드 간에 상호 연관성을 유지하면서 하나의 문장으로 존재해야 하기 때문입니다. 만약 너무 많은 키워드를 노출시키고 싶어 과도하게 긴 제목을 짓는다면 검색엔진은 제목과 본문의 매칭 점수가 떨어졌을 때 그 문서의 질이 낮다고 판단할 수 있습니다. 좋은 제목과 나쁜 제목의 예를 들어보겠습니다.

나쁜 제목 예 :

[경북도청놀거리] 메가박스 경북도청점 방문 후기 : 전좌석 리클라이너로 편안하게 영화보기

제가 2019년에 작성한 글의 제목인데 이때는 로직도 모르고 블로그를 처음 시작했을 때라 아쉬운 점이 많습니다. 이 제목이 나쁜 이유는 특수문자 제외 37자, 포함하면 40자나 될 정도로 길기 때문입니다.

특히나 키워드 간 상호 연관성이 전혀 없고 영화관을 방문한 후기를 작성하려고 했는데 제목에 의도가 잘 드러나지 않을뿐더러 통일성도 없습니다. 이것을 좋은 제목으로 바꾼다면 어떻게 될까요?

좋은 제목 예 :

경북도청 메가박스 리클라이너 영화관 실내데이트 추천

간단하지만 명확하게 내가 보여주고자 하는 것을 축약해서 25자로 보여주는 제목입니다. 우선 '경북도청놀거리'는 조회 수가 많은 '경북 실내데이트'로 키워드 변경을 했고 '전좌석 리클라이너로 편안하게 영화보기'도 '리클라이너 영화관'이라는 간단하지만 사람들이 자주 찾는 키워드로 대체했습니다.

키워드 간 흐름도 경북도청에 있는 메가박스가 리클라이너 영화관이 실내 데이트를 하기에 제격이라 추천한다는 내용으로 자연스럽고 독자에게도 편안한 흐름을 보여줄 수 있어 좋은 제목의 예라고 볼 수 있습니다. 목표 키워드를 선정하는데 어려움이 있다면 네이버 데이터랩, 구글 트렌드 같은 검색어 분석 서비스를 참고하면 도움이 됩니다.

링크는 문서를 인용하거나 공유할 수 있게 만든 것으로 사이트와 연결된 외부 채널을 통해서 새롭게 트래픽이 유입된다면 순환적 구조를 만들어 블로그 성장에 도움이 되기도 합니다. 이때 문서 내 첨부하는 링크가 유해하지 않는지에 대해 검색엔진이 분석해 글이 노출될 만한 가치가 있는지 판단합니다.

기본적으로 좋은 콘텐츠일수록 공유가 많이 되고 다른 사람들을 통해 확산되기 때문에 검색엔진은 다양한 사이트에 공유될수록 양질의 콘텐츠라고 판단합니다. 외부 유입을 통해 다시 네이버 블로그로 유입이 되고 내 글이 다른 웹사이트, 카페, SNS 플랫폼에 스크랩돼 최대한 많이 확산될 수 있게 한다면 검색 랭킹 상위에 올라갈 수 있습니다.

콘텐츠는 가장 중요한 비중을 차지하는 요소인데 검색엔진이 콘텐츠 품질을 평가하면서 유해 요소가 포함되어 있거나 품질이 떨어지는 문서는 1차적으로 거릅니다. 이때 양질의 콘텐츠로 평가받기 위해서는 글의 구성이 검색 사용자가 읽기 편한 내용으로 논리적인 흐름을 가지고 있는지, 새롭고 고유한 창작물인지가 중요합니다.

특히 새롭고 고유한 창작물 평가는 기존 문서와 유사한 내용은 없는지, 유사한 이미지는 아닌지, 유해한 내용을 포함하고 있는지를 중심으로 이뤄집니다. 그러므로 블로그 포스팅을 할 때 이 3가지를 가장 중점적으로 체크하는 것이 중요합니다.

예를 들어 기자단, 체험단 중에 원고와 사진을 주고 그대로 업로드만 요청하는 경우가 있습니다. 이런 유형의 수익화 루트가 블로그 품질 저하를 일으키고 다수 진행했을 때 검색엔진에서 완전히 배제되는 패널티를 받는 이유가 바로 유사 이미지, 유사 내용에 해당하기 때문입니다. 동일한 내용과 사진이 다량의 문서로 발행되었을 때 검색엔진은 이를 문제가 있는 문서로 인식하기 때문에 품질이 떨어지는 문서를 발행한 블로그도 패널티를 받습니다. 그래서 콘텐츠의 고유성과 독창성은 무엇보다도 중요하게 다뤄져야 합니다. 만약 내 글이 검색 페이지에 노출되지 않았을 때는 이 SEO 요소들의 조건이 잘 지켜졌는지 체크해 보고 최적화시켜야 합니다.

2) 지수에 따른 등급

<일반적으로 통용되는 블로그 지수 등급>

네이버에서 블로그 등급을 공식적으로 인정하진 않았지만 일반적으로 통용되고 있는 지수 프로그램의 경우 각 블로그 점수를 매겨 등급으로 나눕니다. 위의 블로그 지수 등급이 100% 정확한 것은 아닐 수 있지만 알아 두면 블로그 로직에 대한 이해가 좀 더 쉬울 겁니다.

준최적화는 1~6단계까지 있으면 단계가 높아질수록 지수가 높다고 판단하면 됩니다. 대부분 신생 블로그는 준최적화 초기 단계(2~3단계)에서 시작합니다. SEO 기본 조건을 잘 지키며 발행한 양질의 글이 누적돼 검색엔진 노출이 많이 될수록 점수를 쌓아가게 되고 일정 단계 점수를 충족하면 등급이 향상됩니다.

최적화도 마찬가지로 1~3단계까지 있으며 단계가 높아질수록 검색 상위 노출 경쟁력이 있다고 보면 됩니다. 뒤이어 설명할 C-Rank는 현재 지수로 설명할 수 있는 최고 등급이며 C-Rank 점수가 높을수록 그 블로그를 신뢰할 수 있다는 뜻입니다. 특정 주제에 맞게 양질의 문서를 다량 발행하는 '전문성'에 초점을 맞춘 것이라 최고 등급으로 볼 수 있습니다.

블로그 지수 등급은 점수를 가시화한 것이기 때문에 내 블로그의 성장을 체크할 수 있다는 점에서 긍정적입니다. 양질의 문서를 발행했을 때 쌓인 점수를 누적시켜 등급을 상향할 수 있기에 좋은 문서 발행을 자주 하는 것이 등급 향상의 비결이라고 이해하면 됩니다.

3) C-Rank

네이버에서 검색 랭킹의 정확도를 높이기 위해서 사용되는 기술 중에서 블로그의 신뢰도를 평가하는 알고리즘을 C-Rank라고 합니다. C-Rank 알고리즘에서 특정 문서의 출처인 블로그의 신뢰도와 인기도를 평가할 때 반영되는 요소는 맥락, 내용, 연결된 소비 및 생산이 대표적이고 이 결과를 종합적으로 계산해 검색 랭킹에 일부 반영합니다.

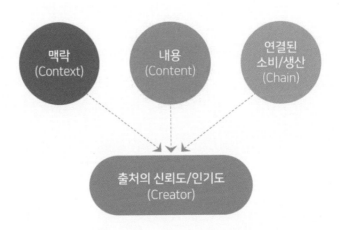

<C-Rank 알고리즘 (출처 : 네이버 공식 블로그)>

맥락(Context) : 주제별 관심사의 집중도가 얼마나 되는지

내용(Content) : 생산되는 정보의 품질이 얼마나 좋은지

연결된 소비·생산(Chain) : 생산된 콘텐츠가 어떤 연쇄반응을 보이며 소비
혹은 생산되었는지

위 세 가지 요소를 파악해 이를 바탕으로 해당 블로그가 얼마나 믿을 수 있고 인기 있는지를 계산하는 것입니다.

C-Rank 알고리즘에서 블로그의 신뢰도와 인기도를 측정하는 핵심은 바로 해당 블로그가 특정한 주제, 즉 '특정 관심사에 대해서 얼마나 깊이 있는 좋은 콘텐츠를 생산해 내는가'입니다.

의무적으로 작성하는 일상 글보다는 전문성을 살린 글이 블로그 검색 결과 노출에 더 도움이 된다고 판단하기 때문입니다.

예를 들어 푸드 분야에서 매일 무엇을 먹었는지 사진을 나열하여 일기를 쓰듯이 작성하는 글 보다 식자재에 대한 분석, 요리 레시피 공유 등과 같이 전문적인 정보가 담긴 글을 많이 생산했을 때 검색 노출 상위에 오를 수 있습니다.

C-Rank 적용 전   C-Rank 적용 후

<C-Rank 적용 전후 블로그 검색 결과의 차이(출처 : 네이버 공식 블로그)>

'산후 다이어트' 블로그 검색 결과 위 예시에서 보는 것과 같이 C-Rank를 반영했을 때와 반영하지 않았을 때의 검색 결과 차이가 크다는 것이 네이버 발표입니다. 어떤 콘텐츠가 검색 사용자에게 더 도움을 줄 수 있는 전문적인 정보를 담았는지에 대한 판단에 따라 랭킹이 달라집니다.

별다른 차별성 없는 내용의 단순 병원 홍보보다는 다이어트에 대한 전문적인 내용과 실제 성공 노하우를 담은 내용을 지속적으로 포스팅했던 블로그를 C-Rank 알고리즘을 통해 주제별 신뢰도와 인기도를 계산해 반영했기 때문입니다.

항목	설명
BLOG Collection	블로그 문서의 제목 및 본문, 이미지, 링크 등 문서를 구성하는 기본 정보를 참고해 문서의 기본 품질을 계산
네이버 DB	인물, 영화 정보 등 네이버에서 보유한 콘텐츠 DB를 연동해 출처 및 문서의 신뢰도를 계산
Search LOG	네이버 검색 이용자의 검색 로그 데이터를 이용해 문서 및 문서 출처의 인기도를 계산
Chain Score	웹문서, 사이트, 뉴스 등 다른 출처에서의 관심 정도를 이용해 신뢰도와 인기도를 계산
BLOG Activity	블로그 서비스에서의 활동 지표를 참고해 얼마나 활발한 활동이 있는 블로그인지를 계산
BLOG Editor 주제 점수	딥러닝 기술을 이용해 문서의 주제를 분류하고, 그 주제에 얼마나 집중하고 있는지 계산

* C-Rank에서 참고하는 항목들은 알고리즘 개선을 위해 계속 변경 적용됩니다.

<C-Rank 알고리즘에서 참고하는 데이터 (출처 : 네이버 공식 블로그)>

    C-Rank에 반영되는 정보 항목을 살펴보면 보다 구체적으로 점수 반영 요소에 대한 개념을 잡을 수 있습니다. 점수 반영에 유의미한 항목들은 검색뿐만 아니라 인물, 사이트, 뉴스 등의 다양한 데이터도 해당되므로 블로그가 어떤 주제에 집중하고 있는지, 얼마나 검색 이용자들에게 인기 있는 블로그인지를 계산하게 됩니다.

    특히 블로그 전체에서 생산된 문서를 주제별로 분류하면서 해당 블로그가 특정 주제에 대해 어느 정도의 집중도를 가지고 있는지를 계산하는 방식이기 때문에 C-Rank 반영 비중이 높아질수록 다양한 일상 주제에 대한 글보다는 특정 주제에 대한 자신만의 글이 늘어날수록 검색 결과에 더 잘 노출될 수 있습니다.

결론적으로 C-Rank 알고리즘은 특정 분야에 집중해서 전문적인 내용을 포스팅한다면 이에 대한 검색 사용자들의 선호도가 높아지게 되고 이를 통해 검색 랭킹에서 상위에 노출된다는 것입니다. 이는 당연히 특정 분야에 대해서 다양하고 깊이 있는 포스트를 발행한 블로그의 정보를 접했을 때 그렇지 않은 블로그에 비해서 검색 사용자들이 정보의 질에 대해 높은 만족감을 느낄 수 있다는 것을 뜻합니다.

그러므로 상위 노출이 되기 위해서는 내가 정한 분야에 대해 지속적이고 전문적인 글을 발행해 누적시키는 방법만이 C-Rank 알고리즘 지수 반영에 유리합니다. 다만 출처의 신뢰도를 검색 결과 랭킹에 반영하기 때문에 문서 자체에 대한 질을 평가하는 것에는 한계가 있다는 점은 참고해야 하는 사항입니다.

4) D.I.A (Deep Intent Analysis)

D.I.A 모델은 네이버 데이터를 기반으로 키워드별로 사용자들이 선호하는 문서 점수를 랭킹에 반영한 모델입니다. 출처의 신뢰도를 검색 랭킹에 적용했던 C-Rank의 한계점을 보완하기 위해 개발된 모델로 문서 자체의 경험과 정보성을 분석해 랭킹에 반영하는 방식입니다.

D.I.A 모델에서는 문서의 주제 적합도, 경험 정보, 정보의 충실성, 문서의 의도, 상대적인 어뷰징 척도, 독창성, 적시성 등 여러 요인이 반영되는데 반영 프로세스는 아래와 같습니다.

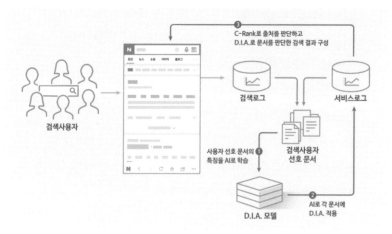

<D.I.A 모델 반영 프로세스(출처 : 네이버 공식 블로그)>

검색 사용자가 선호하는 문서의 특징을 인공지능으로 학습해 D.I.A 모델을 각 문서에 적용, C-Rank로 출처를 판단하고 D.I.A로 문서를 판단한 검색 결과를 구성해 랭킹으로 보여줍니다.

중요한 요소를 체크해보면 경험 정보, 정보의 충실성, 문서의 의도, 독창성 등입니다. 말 그대로 창작자가 본인의 경험을 토대로 한 정보를 문서에 일정 비율 이상으로 담아 독창적으로 재구성한다면 D.I.A 모델에서 높은 점수를 받을 수 있다는 것입니다.

<D.I.A 모델 반영 후 검색 결과 차이(출처 : 네이버 공식 블로그)>

검색 사용자에게 도움이 되는 작성자의 후기나 좋은 정보가 많은 문서가 상위 노출에 유리하다는 것인데 '이사'라는 단어를 검색해보면 D.I.A 모델 적용 전에는 이사 업체 홍보 글이 상위에 있었지만 적용 후에는 이사를 본인이 직접 진행 중이거나 경험이 있어 후기 정보 글을 올린 블로그가 상위 노출된 것을 확인할 수 있습니다.

이처럼 D.I.A 모델에서 블로거는 경험을 기본적으로 염두에 두고 글을 작성해야 하는 셈인데 검색 사용자에게 도움이 되는 작성자의 후기나 실생활에 도움이 되는 정보를 담고 있는 문서가 상위 노출에 유리하다는 의미입니다.

내 블로그가 특정 주제에 대한 집중도가 높아야 하는 C-Rank 점수가 낮다고 하더라도 D.I.A 모델을 통해서 상위 노출될 가능성도 있습니다. 하지만 네이버에 따르면 C-Rank 점수가 높은 창작자가 대체적으로 D.I.A 점수도 높은 문서를 생산하는 것으로 나타났습니다. 그러므로 특정 주제에 대해 다양하고 깊이 있는 문서를 생산해 내는 창작자가 본인의 경험을 바탕으로 자신만의 노하우가 담긴 양질의 글을 생산하는 것에 집중한다면 C-Rank와 D.I.A 점수를 모두 충족시켜 상위 노출될 가능성이 높아진다고 생각하면 됩니다.

5) D.I.A+

D.I.A+란 기존 네이버 데이터를 기반으로 키워드별로 사용자들이 선호하는 문서에 점수를 반영한 D.I.A 모델에서 '검색 의도'를 추가한 것입니다. 기존 D.I.A 모델에서 사용자의 구체적인 의도에 맞는 더 정확한 진짜 정보와 출처를 찾아 내기 위해 딥 매칭과 패턴 분석, 동적 랭킹 등 새로운 검색 기술이 반영된 결과라고 보면 됩니다.

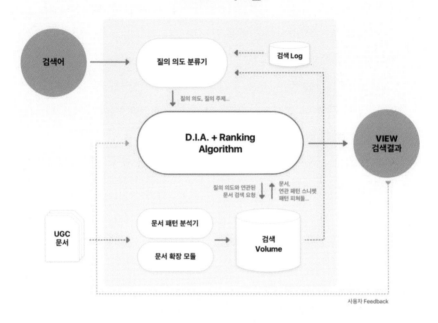

<D.I.A+ 알고리즘(출처 : 네이버 공식 블로그)>

D.I.A+ 모델은 의미 기반 클러스터링과 학습을 통해 질의 패턴을 분석하고 문서의 구조, 본문 텍스트, 이미지 정보 등에서 추출한 새로운 패턴들을 활용합니다. 또, 의미적으로 대체가 될 만한 단어를 문서에 추가해 문서와 검색어의 매칭 확률을 높여 검색 품질 향상을 이끕니다.

결국 D.I.A+ 모델이란 다양해진 패턴과 사용자 피드백을 통해 질의 의도에 적합한 문서인지를 파악해 다양한 검색 결과를 제공하는 것으로 VIEW 검색에서 사용자들이 자주 검색하는 질의에 대한 분석이 업그레이드됐습니다.

경험, 의견, 리뷰를 찾는 사용자의 검색 의도를 분석해 그 질의 의도에 맞는 문서를 매칭하는 것을 우선적으로 알고리즘에 반영한 것이 D.I.A+의 핵심입니다.

예를 들어 '자동 커피 머신' 후기를 보려고 검색을 했는데 C-Rank, D.I.A 점수가 높은 창작자가 커피 머신이 아닌 '커피메이커'에 대한 후기성 리뷰를 작성했다면 D.I.A+를 적용 받았을 때 검색 사용자가 의도한 자동 커피 머신 후기가 아니기 때문에 노출 순위에서 밀려날 수 있습니다.

새로운 스니펫을 제공하는 D.I.A.+

가격정보   아이템추천

<스니펫 제공 D.I.A+ 모델 예시(출처 : 네이버 공식 블로그)>

    D.I.A+ 알고리즘에서 분석된 정보들은 사용성과 가독성을 높이기 위해 일부 검색 결과를 지식스니펫에서도 함께 활용되고 있습니다. 지식스니펫이란 네이버 인공지능 알고리즘을 기반으로 짧고 구체적인 방식으로 질문에 대한 빠른 답을 제공하는 것으로 사용자의 검색 의도에 맞추려는 네이버의 검색 알고리즘 중 하나라고 생각하면 됩

니다.

지식스니펫은 단순히 특정 패턴만을 분석하는 것이 아니며, 다양한 기준에서 분석된 내용들을 알고리즘이 종합적으로 판단해 자동 노출합니다. 이를 통해 검색 사용자에게는 더 정확한 결과를 제공하고, 더 좋은 문서를 작성한 창작자에게는 검색 노출 기회를 부여해 기존 낚시성 제목의 정보 수준이 낮은 문서가 필터링 된다는 것입니다.

지식스니펫에 노출하기 위해선 어떻게 해야 할까?

현재 지식스니펫에 노출되고 있는 포스팅을 분석하면 클릭할 필요도 없이 바로 정보를 한눈에 보기 쉽게 나열해 핵심적인 부분만 노출시키는 경우가 많습니다. 예를 들면 아래와 같습니다.

N **우리은행 한도제한계좌 해제**

통합 VIEW 이미지 지식iN 인플루언서 동영상 쇼핑 뉴스 어학사전 지도

1. 급여이체 항목에 해당되는지 : 재직증명서, 건강보험자격득실확인서, 급여이체 확인서 등 내가 현재 급여를 지속적으로 받고 있는 직장인인지 확인할 용도
2. 연금수령으로 이용하는지 : 이부분에 대해서는 다른 안내를 받지 못했어요.
3. 우리카드 사용이 6개월 이상 30~50만원 이상 사용 이력이 있는지
2022.03.08.

blog.naver.com · alswl09100
우리은행 한도제한계좌 해제 방법, 필요 서류 후기

정보오류 수정요청 **by 지식스니펫**

<지식스니펫 검색 노출 예시(출처 :네이버 검색)>

우리은행 한도 제한 계좌 해제에 대해서 그 방법이 무엇이며 어떤 서류가 필요한지를 후기성으로 작성한 리뷰가 지식스니펫으로 상위 노출됩니다. 예시를 보면 일단 내용이 번호 나열식이라 한눈에 들어오고 노출 내용만으로도 충분히 궁금증이 해결될 수 있습니다.

따라서 이제는 제목만 보고 클릭했을 때 내용이 부실해 검색 만족도가 떨어지는 일은 없어질 것입니다. 내용이 키워드를 충분히 담아내야 지식스니펫 노출 가능성도 높아질 것입니다.

네이버 로직에 따라 노출에 유리한 블로그 운영을 하려면?

출처의 신뢰도를 분석하는 C-Rank

문서의 정보성을 분석하는 D.I.A

검색 사용자의 의도를 분석하는 D.I.A+

특정 분야 글을 집중적으로 자주, 다양하고 깊이 있게 쓴다.

내가 직접 체험, 경험한 것에 대하여 후기성 글을 적고 충분한 정보의 내용이 들어가도록 한다.

검색 사용자의 의도를 파악해 노출시키고자 하는 키워드 정보를 충실히 기입한다.

<네이버 검색 로직에 따른 효율적인 블로그 운영 방법>

지금까지 네이버에서 발표한 대표적인 3가지 검색 로직을 알아

봤습니다. 하지만 알고리즘은 계속 진화하고 있으며 앞으로 검색 랭킹 반영이 지향하는 핵심은 바로 검색 사용자의 의도를 분석하는 D.I.A+가 아닐까 합니다.

무궁무진한 정보가 쏟아지는 상황에서 검색 사용자는 빠른 시간 내에 본인이 원하는 정보를 습득하길 원합니다. 또한 신속성에 정확성까지 함께 요구되기 때문에 검색 결과는 점점 더 명확한 타깃이 볼 수 있도록 검색 의도를 유추할 수밖에 없습니다. 따라서 키워드에 대한 검색 사용자 의도를 미리 예상해 보고 그에 따른 스토리라인을 짜보는 것도 노출에 유리한 글쓰기 전략이 될 수 있습니다.

6) 스마트블록

'커피머신' 관련
인기 주제 둘러보기   모두 보기

가정용커피머신 | 반응 좋은 상품 후기 | 믿고보는 상품 리뷰 | 반자동 커피머신 | 전자동 커피머신 추천 | 카페커피머

<스마트블록 인기 주제 예시(출처 : 네이버 검색)>

최근 네이버 통합 검색은 스마트블록이라는 새로운 로직이 적용돼 점점 주제별로 블록화되고 있습니다. 검색어, 문서, 사용자 반응을 분석해 만들어진 다양한 블록들은 그만큼 검색 사용자가 원하는 정보를 먼저 카테고리로 분류하고 그 안에서 본인이 원하는 정보를 보다 세분화해 탐색할 수 있게 해줍니다. 또한 창작자도 과거 줄 세우기

식의 노출에서 벗어나 보다 많은 노출 기회를 받을 수 있습니다. 기존 방식과 전혀 다른 스마트블록 공략법은 총 3가지입니다.

(1) 구체적이고 명확한 소재를 중심으로 콘텐츠 작성

스마트블록은 기존보다 더 세분화된 C-Rank 주제를 발굴해서 생성되기 때문에 구체적이고 명확한 콘텐츠가 노출이 더 잘될 수 있습니다. 특히 시의성 높고 트렌드에 맞는 콘텐츠를 알고리즘이 빠르게 캐치한다고 하는데 이는 트렌디한 MZ세대를 겨냥한 것으로 보입니다.

보다 구체적이고 명확한 소재를 중심으로 작성하려면 기존 스마트블록의 분류된 주제를 먼저 살펴본 후 포스팅 맥락을 잡는 것도 좋은 방법입니다.

(2) 콘텐츠 장르별로 최적화된 형식과 구성 고려

스마트블록 알고리즘은 장르에 따라 더 적합한 표현으로 구성된 문서를 따로 분류하고 분석한 후 학습합니다. 따라서 이에 맞는 구성을 한다면 노출될 확률이 좀 더 높아집니다.

'커피머신' 구매 가이드

<스마트블록 상위 노출 결과 형식과 구성의 차이(출처 : 네이버 검색)>

예를 들어 '자동 커피 머신 후기' 블록이라고 한다면 사용자의 경험
이 필요한 주제이므로 기존에 커피 머신을 사용하고 있는 블로거의
후기성 문서를 분석합니다. '커피 머신 구매 가이드' 블록이라면 특정
제품에 대해 한눈에 파악하기 쉽게 정리된 팁이나 가이드 형식 문서
를 더 잘 찾기 위해 분석하고 학습합니다.

여기서 중요한 점은 스마트블록의 경우 검색 키워드와 글의 관련
성에 상당히 무게를 두고 있다는 것입니다. 과거 VIEW 탭에서 최신

성 점수가 노출에 영향을 주었다면 스마트블록에서는 발행된 지 오래된 글도 관련성이 높다면 충분히 상위 노출이 되는 것을 확인할 수 있었습니다. 따라서 내가 노출시키고자 하는 블록이 있다면 이를 잘 드러낼 수 있는 형식, 구성, 어투 등을 고려해 콘텐츠를 구성하는 것이 좋습니다. 앞서 얘기한 대로 시일이 지난 포스트라도 키워드 관련성이 높다면 충분히 상위 노출 기회가 있습니다.

최근 스마트블록의 상위 노출 글을 분석해 보면 키워드 간 상관관계도 중요하지만 내가 노출시키고자 하는 키워드를 인공지능 검색에 용이하게 글의 초반에 집중적으로 배치하는 형태를 보이기도 합니다. 이처럼 스마트블록은 과거 로직과의 연관성보다 검색 키워드가 그 글에 얼마나 많이 담겼는지가 핵심이라는 분석입니다.

(3) 타깃 독자가 관심 있어 할 만한 콘텐츠 만들기

검색어마다 다양한 스마트블록이 자동으로 생성되는데 검색 맥락이나 상황을 고려해 성별 및 연령별로 각각 다른 순서로 노출됩니다. 따라서 콘텐츠를 읽어줬으면 하는 사용자가 있다면 해당 타깃이 선호하는 소재와 형태로 작성하는 것이 유리합니다.

명확한 타깃을 가지고 콘텐츠 구성을 한다면 인공지능 학습을 통해 내가 노출시키고자 하는 대상에게 좀 더 빠르게 전달될 수 있습니다. 앞으로 네이버의 검색 로직은 트렌드에 맞춰 계속 변화할 것으로 보입니다. 콘텐츠를 읽는 주력 대상, 연령이 모두 변하고 있는 시대에 나 혼자 예전의 글쓰기 방식을 답습하고 있다면 노출 기회는 점점 더 줄어들 수밖에 없습니다.

따라서 기본적인 C-Rank, D.I.A, D.IA+를 염두에 두고 글을 쓰되,

좀 더 명확한 타깃팅을 통해 세분화된 정보를 제공하는 것만이 향후 변화하는 네이버 로직에서 앞서갈 수 있는 방법입니다.

Blog

3. 상위 노출을 위한 기본
: 신뢰성과 관련성 높이기

1) 신뢰성 – 검색 사용자가 내 글을 만족하는 척도

네이버 블로그에서 평가하는 신뢰도란 검색 사용자가 글을 읽고 하는 여러 행위와 해당 글을 얼마나 신뢰할 수 있는지를 점수로 계산해 수치화한 것을 말합니다. 즉, 특정 글이 독자에게 긍정적인 영향을 주는 것인지 계산할 때 객관적 수치로 반영되는 사항이 검색 사용자가 글을 읽으면서 하는 행위가 된다는 것입니다. 그 행위는 크게 스크랩, 공감, 체류시간, 댓글 등으로 분류할 수 있습니다.

<블로그 글 스크랩 하는 법과 확인 방법(출처 : 네이버 블로그)>

　스크랩은 PC 또는 모바일에서 포스트 하단에 있는 화살표를 눌러 해당 글을 외부로 내보내는 기능입니다. 카페, 메일, 밴드, LINE 등 네이버 서비스로 이동할 수 있고 트위터, 페이스북, 카카오톡 등 외부 서비스로도 보내기가 가능합니다.

　설정에서 해당 글의 '블로그 글 보내기' 수를 통해 스크랩이 얼마나 많이 이루어졌는지 확인할 수 있습니다. 스크랩이 많을수록 해당 포스트 내용이 검색 사용자에게 도움이 돼 다른 플랫폼으로 이동됐다고 판단됩니다.

　다만, 스크랩을 단 시간 내 과도하게 많이 하면 인공지능이 이상 징후로 판단해 오히려 검색 결과에서 차단(누락)될 가능성이 있으므로 부정적인 영향을 미칠 수 있습니다. 스크랩은 검색 사용자가 글을 읽고 도움이 된다고 생각해 타 플랫폼으로 글을 보내고 그 링크를 통해서 새로운 트래픽이 내 블로그로 유입되는 순환적 구조를 이루기 때문에 가장 이상적인 유입 형태라고 볼 수 있습니다.

<블로그 게시글 유입 경로 화면. 네이버 카페로 스크랩 돼 블로그에
신규 트래픽이 유입될 수 있습니다.>

그 예로 제 채널에 평소 1일 조회 수가 600~700회인 게시물이 있
었는데 갑자기 어느날 조회 수가 3배 이상 폭등한 적이 있었습니다.
갑작스러운 일에 어디에 노출이 되었나 싶어서 유입 경로를 살펴봤
더니 네이버 카페였습니다. 경로를 따라가보니 누가 시험관 카페에
2022년 출산지원금, 출산 혜택에 대한 제 글을 공유했고 임신을 준비

하는 분에게 도움이 된다고 판단됐는지 신규 조회 수가 제법 많이 발생했습니다. 이렇게 카페와 평소 조회 수가 합쳐져 갑자기 3배 이상 많은 유입이 발생했습니다.

주제에 맞는 양질의 게시물이 스크랩을 통해 검색 사용자 욕구에 맞는 곳으로 이동했고 이를 통한 외부 유입으로 게시글 조회 수가 오르면서 블로그 성장에도 도움이 되는 순기능 역할을 했습니다.

공감과 댓글은 검색 사용자가 해당 글을 평가할 수 있는 가장 단순하면서 확실한 의사 표현입니다. 내가 검색어를 입력하고 나온 글을 클릭해서 읽어보고 가장 도움이 된 글에 만족의 표시로 공감을 누르고 댓글을 남기기도 합니다. 따라서 네이버에서는 공감과 댓글을 점수로 반영할 수밖에 없고 이는 가장 확실한 신뢰도 평가 반영 요소가 됩니다.

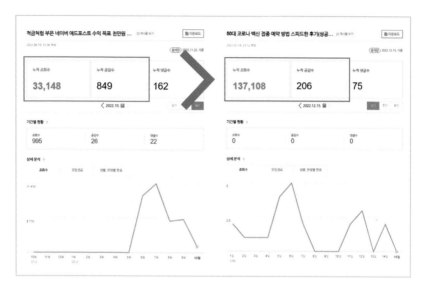

<조회 수와 비례하지 않은 누적 공감 수(출처 : 네이버 블로그 통계)>

재테크하는제인이 쓴 글 중 가장 누적 공감 수가 많은 글은 애드포스트 수익 인증 글로 누적 조회 수 3만 3,148회, 누적 공감 수 849개, 누적 댓글 수 162개였습니다. 누적 조회 수가 13만 7,071회로 훨씬 높았던 코로나 백신 예약 방법 포스트는 공감 206개, 댓글 76개로 조회 수 대비 공감이나 댓글 수는 낮았습니다.

이것이 의미하는 바는 결국 해당 글에 대해 검색 사용자가 얼마나 만족했느냐는 조회 수와 비례하지 않으며 만족도가 높을수록 조회 수와 상관없이 공감과 댓글 수는 많아진다는 것입니다.

블로그 평균 데이터 ?   2022.10. ∨

| 비교지표 | 조회수 | 게시글 평균사용시간 | 시간대 분포 | 성별.연령별 분포 | 기기별 분포 |

사용자가 블로그를 방문하여 게시글 1개를 읽는데 사용한 평균 시간. 각 주제별 게시글 상위 1천개에 대한 평균 데이터를 제공합니다

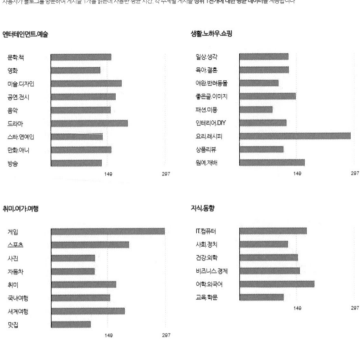

<블로그 주제별 게시글 평균 사용 시간(출처 : 네이버 블로그 통계)>

    체류시간의 경우 블로그 통계에서 평균 사용 시간을 보면서 서로 이웃, 이웃, 기타, 전체 방문자가 내 블로그에 와서 얼마나 체류했는지 확인할 수 있습니다. 앞서 말씀드린 것처럼 글을 읽지도 않고 공감을 누르는 행위는 내 블로그 신뢰도 성장에 전혀 도움이 되지 않습

니다. 체류시간이 분명히 있어야 하는데 15~30초 이상 포스트를 읽은 후 공감을 누르는 것이 의미가 있으며 가장 이상적인 체류시간은 30초~1분대인데 이는 주제별로 다릅니다.

레시피를 봐야 하는 푸드 쪽이나 공략법을 보고 해야 하는 게임 분야는 체류시간이 상대적으로 긴 편이며 패션, 미용, 맛집, 반려동물 등 정보성이 약하고 주로 사진 및 동영상을 훑어보는 목적으로 검색하는 경우에는 비교적 평균 사용 시간이 짧습니다.

종합적으로 봤을 때 신뢰도를 향상시키는 검색 사용자의 행위는 크게 스크랩, 공감, 댓글, 체류시간으로 평가됩니다. 스크랩은 단시간에 과도하게 행하지 않고 공개 스크랩으로 타 플랫폼으로 보내져 신규 트래픽이 유입되었을 때 긍정적인 효과가 납니다. 댓글과 공감의 경우 검색 사용자가 해당 글에 만족했을 때 이뤄지는 행위로 꼭 조회수와 비례하진 않습니다. 글을 읽지 않고 공감을 누르는 것은 의미가 없으며 제목의 키워드와 관련된 문장, 본문을 보강하는 내용, 본문을 축약하는 내용을 댓글로 썼을 때 블로그 성장에 도움이 됩니다.

체류시간은 분야별로 평균 사용 시간이 다르지만 이상적인 것은 30초~1분대이며 일정 시간 체류 후 누르는 공감이나 댓글이 신뢰도 점수에 영향을 줄 수 있다는 점을 기억해야 합니다.

평균사용시간 ?　　　　　　　〈 2022.10. 📅 〉　　　　일간 주간 월간

2022.10. 월간
3m 31s

● 전체 ○ 피이웃 ○ 서로이웃 ○ 기타

기간	전체	피이웃	서로이웃	기타
2022.10. 월간	3m 31s	3m 25s	4m 5s	3m 31s
2022.09. 월간	3m 33s	3m 24s	4m 4s	3m 33s
2022.08. 월간	3m 39s	3m 17s	4m 44s	3m 40s
2022.07. 월간	3m 45s	3m 11s	3m 42s	3m 46s
2022.06. 월간	3m 48s	3m 16s	3m 29s	3m 49s
2022.05. 월간	4m 39s	3m 40s	4m 21s	4m 40s
2022.04. 월간	3m 51s	3m 28s	4m 33s	3m 51s
2022.03. 월간	3m 33s	3m 22s	3m 59s	3m 33s
2022.02. 월간	3m 40s	3m 30s	3m 46s	3m 40s
2022.01. 월간	4m 1s	3m 57s	4m 9s	4m 1s
2021.12. 월간	3m 44s	3m 41s	3m 43s	3m 44s
2021.11. 월간	3m 41s	3m 26s	3m 11s	3m 41s
2021.10. 월간	3m 52s	3m 17s	3m 9s	3m 53s

<재테크하는제인 블로그 평균 사용 시간(출처 : 네이버 블로그 통계)>

2) 관련성 – 글의 정보성을 평가하는 척도

(1) 제목이 키워드와 연관되어 있는지 살펴보자

관련성은 노출시키고자 하는 키워드가 글의 제목과 본문에 부합하는지 그 적정성을 평가하는 것입니다. 본문의 구성, 글쓰기 형식, 제목의 관련성이 평가 요소로 반영됩니다.

중급 코스 'FAQ를 이용한 핵심 담은 제목 짓기' 파트에서 자세하게 다루겠지만 제목은 본문을 함축적으로 나타내는 가장 중요한 문구입니다. 따라서 키워드가 적절하게 배치되어 있어야 하며 각 키워드 간의 관련성이 분명히 있어야 합니다.

'가정용 전기히터'를 메인 키워드로 했을 때의 좋은 예와 나쁜 예를 살펴보겠습니다.

<좋은 예>

가정용 전기히터 추천 전기세 걱정없는 (제품명)

서브키워드1 : 전기히터 추천

서브키워드2 : 전기히터 전기세

<나쁜 예>

♥**가정용 전기히터** (제품명) 따뜻하니 좋네요♥

의미없는 특수문자 사용   서브키워드 없이 느낀점 서술

<키워드 배치에 따른 좋은 제목과 나쁜 제목 예시>

좋은 제목의 경우 메인 키워드를 제외하고 '추천', '전기세'를 서브

키워드로 포함해 검색 노출이 더 용이하게 구성했습니다. 키워드 간 연관성도 고려해 흐름상 매끄럽고 간략하게 핵심만 볼 수 있어 더 눈에 띌 수 있습니다.

나쁜 예의 경우 메인 키워드 앞에 의미 없는 특수문자를 사용했으며 서브 키워드 없이 느낀 점을 서술해 뒤에 붙인 격이라 메인 키워드 노출에 실패했을 때 방문자 유입을 전혀 기대할 수 없는 글입니다.

(2) 제목에 들어간 키워드는 본문에도 있어야 한다

본문 내용에서 유의해야 하는 점이 있는데 제목에 들어간 키워드는 본문에 관련 내용이 20~30% 이상 포함돼 작성돼야 한다는 점입니다. 제목에 포함된 키워드가 본문 내용에 명시되어 있는지를 나타내야 하며 이 비중이 유지돼야 키워드와 제목의 상관관계를 입증할 수 있습니다. 제목은 본문의 축약본이기 때문에 확실하게 제목에 들어간 키워드가 본문에도 드러나야 합니다.

예를 들어 '가정용 전기히터'가 메인 키워드라면 가정용 전기히터가 어떤 것이며, 왜 필요하고, 어떻게 가정에서 활용될 수 있는지에 대한 내용이 본문에 30% 이상 서술돼야 한다는 것입니다.

만약 '가정용 전기히터'를 메인 키워드로 잡았는데 가정용 전기히터에 대해서 초반에 몇 줄 서술한 후 기능이 비슷한 다른 겨울철 난방용품에 대해 중점적으로 서술한다면 이는 제목과 메인 키워드 연관성이 떨어져 당연히 관련성 점수는 낮아집니다.

메인 키워드 내용이 30% 이상 차지한다면 나머지 70%에 대한 내용은 서브 내용 및 본인의 실사용 후기, 경험적 후기 등으로 구성해 이상적인 비율로 포스팅해야 합니다.

(3) 글쓰기 안에서도 형식을 갖추는 것이 좋다

블로그에서 가장 간결하면서 보기 좋은 글쓰기 형식은 바로 사진-글-사진-글-사진-글로 서술하는 것입니다. 이미지를 기준으로 문맥을 적당히 나누고 이미지로 독자의 피로도를 덜어주고 흥미를 지속시킬 수 있기 때문입니다.

하지만 그 안에서도 대제목과 소제목을 정해 독자가 원하는 정보를 빠르게 찾을 수 있도록 명료화하는 작업도 관련성을 높이는 방법 중 하나입니다.

예를 들어 좋은 예로 들었던 제목을 가지고 포스팅 구성을 한다면 초반에 인사말, 포스팅 목적을 밝히고 가정용 전기히터의 필요성, 활용방법, 효과 등의 내용으로 30% 이상을 구성합니다.

그리고 '전기히터 추천' 서브 키워드 활용을 위해 전기히터(제품명)를 추천하는 이유 등을 서술하고, 다른 서브 키워드 '전기히터 전기세'는 한 달 전기세 확인하는 법, 절전 방법 등의 내용으로 구성합니다. 마지막으로 결론 또는 맺음말을 작성하면 제목을 모두 반영한 글쓰기 형식이 완성됩니다.

<인사말, 포스팅 목적>

가정용 전기히터의 필요성

전기히터의 활용방법
전기히터를 (제품) 추천하는 이유

전기히터의 한달 전기세
절전방법 등

<결론 또는 맺음말>

<글쓰기 형식 예시>

한 가지 팁을 더 드리자면 문단 내용을 확실하게 하는 것이 좋습니다. 긍정을 나타낼 때는 긍정어로 서술하고 부정을 나타낼 때는 부정어로 확실하게 서술해야 합니다.

(긍정)~했습니다만(부정), (긍정) ~ 했었는데(부정)의 내용으로 서술하면 문장에 담고자 하는 명확한 뜻이 흐려지므로 관련성이 약해질 수 있습니다. 마침표와 쉼표를 적극 활용해 글이 나타내고자 하는 작성자의 의중을 명확하게 드러내는 것이 좋습니다.

Blog

4. 이것만 알아 두면
시간 절약되는 포스팅 꿀팁

1) 스마트에디터 ONE 사용법

<스마트에디터 ONE 도구 모음(출처 : 네이버 블로그)>

① 사진 & 동영상

사진과 동영상은 PC와 모바일앱에서 파일 불러오기로 첨부할 수 있습니다. 모바일앱은 직접 카메라로 촬영과 동시에 업로드 가능하며 본인이 원하는 매체를 선택해 포스팅 할 때 첨부하면 됩니다.

② SNS사진

사진 불러오기

20 MB 이하의 사진만 첨부할 수 있습니다.

네이버 MYBOX　　페이스북　　인스타그램

<스마트에디터 ONE에서 SNS 사진 불러오기 화면(출처 : 네이버 블로그)>

　SNS 사진의 경우 총 3가지 매체에 저장되어 있는 사진을 불러올 수 있습니다. 네이버 MYBOX, 페이스북, 인스타그램에서 불러올 수 있으며 네이버를 제외한 페이스북, 인스타그램은 ID 연동을 해야 첨부 가능합니다. PC, 모바일앱 모두 가능하지만 20MB 이하 용량을 가진 파일만 첨부할 수 있습니다.

③ 인용구 ④ 구분선

"

재테크하는제인

"

| 재테크하는제인

재테크하는제인

"

재테크하는제인

재테크하는제인

재테크하는제인

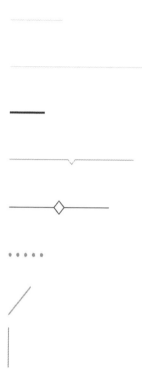

<스마트에디터 ONE 인용구, 구분선 예시 화면(출처 : 네이버 블로그)>

인용구와 구분선은 문단을 나눌 때 사용하기 편리합니다. 포스팅할 때 작성자가 강조하고 싶은 문구가 있거나, 소제목으로 구분해야 할 때 인용구를 이용하면 좀 더 읽기 편한 글 형식이 될 수 있습니다.

구분선은 대부분 내용의 전환이 있거나 첫 시작과 끝을 알릴 때 자주 사용하게 되는데 이것도 인용구와 함께 글을 지루하지 않게 꾸며

주는 역할을 하기 때문에 적절하게 넣어주면 가독성을 높일 수 있습니다.

⑤ 장소

에디터에서 장소를 클릭하면 네이버 지도가 나옵니다. 포스팅에서 내가 리뷰하는 장소를 지도 내에서 검색하고 추가한다면 네이버 플레이스 검색의 블로그 리뷰 파트에 내 리뷰가 자동으로 등록됩니다. 그러므로 통합 검색, VIEW탭 뿐만 아니라 해당 장소를 검색했을 때 리뷰만 따로 모은 링크를 클릭했을 때 내 글이 노출되는 기회를 얻을 수 있습니다. 또, 지도에 장소 표시를 했기 때문에 주소 및 인근 건물 등의 정보를 함께 줄 수 있어 정보를 종합적으로 전달할 수 있다는 장점이 있습니다.

<스마트에디터 ONE 지도에서 장소 불러오기(출처 : 네이버 지도)>

<네이버 플레이스에서 블로그 리뷰 연동 예시(출처 : 네이버 지도)>

⑥ 링크 ⑮ 하이퍼링크

링크

https://blog.naver.com/alswl09100/222571353423

브람스 눈마사지기 BM-i88 덕분에 눈피로 걱정없어요

안녕하세요. 재테크하는 제인입니다. 요즘 본업+블로그로 인해 거의 잠자…

blog.naver.com

✓ 확인

<스마트에디터 ONE에서 링크 만들기 화면(출처 : 네이버 블로그)>

링크는 내가 첨부하고 싶은 콘텐츠 URL을 복사해 붙여넣기를 하면 미리 보기와 함께 첨부할 수 있습니다. 하이퍼링크와의 차이는 링크는 이미지로 해당 콘텐츠를 보여주는 것이고 하이퍼링크는 포스트 내에 글자 또는 이미지에 주소를 삽입하는 형식이라 첨부 방식이 다릅니다.

⑦ 수식

<스마트에디터 ONE 수식 화면(출처 : 네이버 블로그)>

함수, 방정식, 미적분 등의 수식을 포스트 내에 첨부하고 싶을 때 이용하는 것으로 계산기로 사용할 수도 있습니다. 전체적인 수식을 이미지처럼 보여주는 것이기 때문에 글자체 변형은 불가능합니다. 일반 주제에서는 거의 사용하는 일이 드물지만 필요에 따라 알아 두면 포스팅이 다채로워질 수 있습니다.

⑧ 톡톡

네이버 톡톡 ✕

톡톡 연결 재테크하는제인 (talk.naver.com/w47qwj) ⌄

배너 타입 ● 기본 배너 ○ 이미지 첨부

[💬 궁금할 땐 네이버 톡톡하세요!]

✓ 확인

<스마트에디터 ONE에서 네이버 톡톡 연결 예시 화면(출처 : 네이버 블로그)>

상담, 마케팅에서 활용될 수 있는 톡톡은 네이버 자체 고객 응대 관리 무료 채팅 서비스로 고객 혹은 독자와 간편하게 1:1 대화를 진행할 수 있습니다. 블로그로 본업을 홍보하거나 고객 유치 또는 문의사항 응대가 필요할 때 포스트 내에 삽입하면 편하게 사용할 수 있습니다.

⑨ 정렬

흔히 문단 정렬할 때 사용하는 버튼으로 왼쪽, 오른쪽, 가운데, 양쪽 정렬이 있습니다.

⑩ 줄 간격

문단끼리 줄 간격을 조절할 때 사용하며 150~210%까지 버튼 클릭을 할 수 있고 직접 입력도 가능합니다.

⑪ 목록(번호, 기호)

목록은 번호와 기호로 나눠지며 해제도 가능합니다.

⑫ 머리글자

머리글자 버튼을 클릭하면 앞 글자만 눈에 띄게 큰 표시를 할 수 있습니다. 문단의 첫 머리글을 장식할 때 사용합니다.

⑬ 위 첨자, 아래 첨자

위 첨자, 아래 첨자는 클릭을 한번 하면 쭉 쓸 수 있으며 한 번 더 클릭하면 해제됩니다. 일상생활에서는 제곱미터를 표시할 때 등으로 활용할 수 있습니다.

⑭ 특수 문자

많이 쓰는 기호, 일반 기호, 숫자와 단위, 원, 괄호, 한글, 그리스어, 라틴어, 일본어를 표시할 수 있습니다.

⑮ 맞춤법

기존에는 50세를 기준으로 50세 이상인 사람에게는 좀 더 세제혜택에 부여해 주었는데 이제는 이에 대한 나이 제한이 없어져서 누구나 동일한 조건이 되었습니다.

또한 현행 연금저축 및 개인형 퇴직연금 IRP의 한도도 50세 미만은 연 400만 원, 통합 700만 원이었는데 이것도 모두 내년부터는 각각 연 600만 원, 통합 900만 원으로 공제 금액이 확대되었습니다.

연말정산 세액공제를 살펴보시면 총 급여액 5,500만 원 이하는 15%, 5,500만 원 초과는 12%로 적용받게 되어 현행 총 급여액 1.2억 원의 기준 단계가 모두 5,500만 원 기준으로 통합되었다고 보시면 됩니다.

2023년 적용 연금계좌 세액공제 개정

근로소득 5,000만원인 근로자가 '연금저축' 납입한도를
다 채웠을 경우

<스마트에디터 ONE에서 맞춤법 검사 화면(출처 : 네이버 블로그)>

맞춤법은 글에서 오탈자를 골라 표시해 주는 것으로 교정 사유를 참고해 작성자가 자유롭게 수정할 수 있습니다. 맞춤법에 어긋나는 단어를 자동으로 스크리닝 할 수 있다는 장점도 있지만 문맥에 맞지 않거나 어법에 맞지 않는 것도 제안할 수 있으니 작성자가 꼼꼼하게 살펴봐야 합니다

＊ 글감, 라이브러리

글감은 사진, 책, 영화, TV, 공연·전시, 음악, 쇼핑, 뉴스 등의 정보를 검색을 통해 손쉽게 포스트에 첨부할 수 있는 기능입니다. 사진을 제외한 나머지 분야에서는 본인이 원하는 정보를 검색하고 링크 형태로 첨부 가능합니다. 다만, 사진은 무료 이미지이기 때문에 다른 블

로그와 유사 이미지로 겹쳐질 수 있어 사진에 대한 신뢰도 점수가 낮아질 수도 있다는 점은 주의해야 합니다.

<스마트에디터 ONE 글감(왼쪽), 라이브러리 예시 화면(출처 : 네이버 블로그)>

라이브러리는 본인이 포스트에 업로드한 사진, 동영상 등의 자료
를 모아서 보여주는 기능입니다. 이미지를 업로드했다가 삭제하면
그 이력이 라이브러리에 남으며 지도, 동영상 등도 볼 수 있습니다.
라이브러리에서 이미지 간 이동도 할 수 있고 대표 섬네일 설정도 가
능해 이미지 배치 등의 작업에 용이합니다.

2) 섬네일 만들기

섬네일은 검색 결과에서 처음 보여지는 이미지로 주로 미리 보기 용으로 제작된다고 생각하면 됩니다. 대표 이미지이기 때문에 고유 의 상징성을 가지는 것이 좋고 제목에서 보이는 정보를 이미지로 드 러내는 시각적 효과도 가져야 합니다.

따라서 검색 사용자 눈에 띄는 것이 좋고 필요에 따라 텍스트, 일러 스트 등을 삽입하는 등의 노력으로 좀 더 시선을 끌어야 합니다. 포 토샵, 망고보드, 미리캔버스 등의 프로그램을 활용해 제작할 수도 있 지만 이 책에서는 스마트에디터 ONE으로 간편하게 섬네일을 만들 수 있는 방법을 소개하겠습니다.

<스마트에디터 ONE에서 섬네일 만들기 1단계 - 이미지 수정하기>

먼저 이미지를 다운받아 포스트에 첨부한 후 사진을 클릭해 빨간
색 수정 표시를 누릅니다. 이미지는 포스팅 주제와 맞는 것으로 고르
고 글씨를 넣어야 하기 때문에 될 수 있으면 너무 복잡하거나 강렬한
색상이 있는 것은 피하는 것이 좋습니다.

<스마트에디터 ONE에서 섬네일 만들기 2단계 - 제목 넣기>

다음에는 스마트에디션 ONE에서 T(텍스트) 아이콘을 클릭합니다. 글씨 삽입을 하기 전에 다양한 디자인을 고르고 섬네일에 들어갈 문구를 정합니다. 위에 팔레트 표시에서 이미지에 들어갈 글씨 색상을 고를 수 있고 글씨 정렬도 원하는 대로 조정할 수 있습니다.

제가 알려드리는 팁은 제목을 그대로 쓰는 것은 너무 길어 좋지 않고 노출시키고 싶은 메인 키워드를 적고 하단에 본인 블로그 네임이나 주소를 적어 도용을 방지하는 것이 좋습니다.

라이브러리   ✕

<스마트에디터 ONE에서 섬네일 만들기 3단계 - 섬네일 규격 확인하기>

    이미지에 섬네일에 들어갈 문구까지 넣었으면 섬네일 규격과 맞는지 확인해 봐야 합니다. 이때 라이브러리를 클릭해서 미리 보기 기능을 확인하면 훨씬 보기 좋은 섬네일을 만들 수 있습니다.

    초보 시절에는 섬네일을 디자인하는 것도 부담스럽습니다. 그래서 포토샵이나 유료 이미지 편집 프로그램을 이용하는 것도 엄두가 나지 않을 수 있습니다. 이럴 때 스마트에디션 ONE의 텍스트 기능을 이용해 간편하지만 확실한 섬네일을 만든다면 좀 더 풍성한 포스팅을 할 수 있습니다.

3) 템플릿을 활용한 인사말 만들기

템플릿이란 형판, 형틀처럼 어떤 특정한 모양을 만들기 위해 만들어진 틀을 말합니다. 무언가를 채워 넣도록 만든 틀도 일종의 템플릿인데 블로그에서는 특정한 서식 구조를 만들어 놓은 양식을 의미합니다.

포스팅 할 때 매번 반복해서 들어가는 문구 또는 이미지가 있을 수 있습니다. 이럴 때에는 템플릿을 활용해 간편하게 나만의 브랜딩을 위한 인사말, 명함 같은 이미지를 삽입할 수 있습니다.

<스마트에디터 ONE에서 템플릿 만들기 1 - 양식 작성 및 저장>

먼저 스마트에디터 ONE을 이용해 만들고 싶은 템플릿을 작성합니다. 이미지를 넣어도 좋고 반복되는 인사말을 넣어도 좋습니다.

저 같은 경우에는 네이버 인플루언서 센터에서 제작해 주는 명함을 활용해 템플릿을 제작했습니다. 명함을 넣고 그 뒤에는 인사말이나 맺음말을 넣어 반복되는 문구를 대체합니다.

완성된 템플릿은 오른쪽 상단 발행 밑에 있는 ①템플릿 아이콘을 클릭한 후 내 템플릿에서 ②현재 글 추가를 클릭해 저장합니다.

③

인사말

안녕하세요. 재테크하는제인입니다.
그동안 여러웠던 경제이야기를 제인이 초보자의 관점으로 쉽고 재미있게 올려드리겠습니다.
이 글을 읽고 도움이 되셨다면 공감과 댓글을 부탁드려요.

<스마트에디터 ONE에서 템플릿 만들기 2 - 템플릿 활용하기>

저장된 템플릿은 글을 쓰려고 할 때 스마트에디터 ONE에 접속해 ③내 템플릿에서 불러와 원하는 위치에 첨부해 활용할 수 있습니다.

<스마트에디터 ONE에서 템플릿 만들기 3 - 부분 템플릿 활용하기>

템플릿을 활용할 때 참고하면 좋은 것이 추천 및 부분 템플릿인데 초보자가 글의 구성을 좀 더 다채롭게 하기 위해 형식을 빌려온다고 생각하면 됩니다. 텍스트와 이미지는 모두 수정 가능하며 틀만 정해져 있는 것인데 저는 본인만의 글쓰기 형식을 정하고 약간의 디자인적인 시선 끌기를 위해 추천 템플릿보다는 부분 템플릿을 다양하게 사용하는 것을 추천하고 싶습니다.

4) 블로그 통계 활용법 - 통계만 봐도 내 블로그를 진단할 수 있다

최근 블로그 수익화를 홍보하며 유료 프로그램 이용을 권장하는 광고를 심심치 않게 볼 수 있습니다. 과거 제 수강생 중에서도 자신의 블로그를 명확하게 파악하지 못해 이런 광고에 혹해 덜컥 비싼 돈을 지불하고는 알아듣지도 못하는 데이터만 받았다는 분이 있었습니다.

그렇다면 유료 프로그램이 잘못된 것일까요? 그것은 아닙니다. 다만, 기초적인 내용에 대한 충분한 이해 없이 진단 프로그램을 썼기 때문에 정확하게 내 블로그에 적용하는 방법이나 방향성을 캐치하기는 쉽지 않았을 겁니다.

중요한 것은 내 블로그가 현재 어떤 상태인지, 누가 들어오고 나가는지, 어떠한 키워드가 트렌드를 주도하고 있는지 등에 대한 기초적인 공부가 필요하다는 점입니다. 이 부분은 모두 네이버에서 무료로 제공하는 통계에 나옵니다. 블로그 통계로 기초 공부를 탄탄히 하고서 유료 서비스를 이용한다면 부족한 사항을 보충하는 의미에서 효과적일 것입니다. 지금부터는 통계를 바탕으로 유추할 수 있는 내 블로그 상태에 대해 알아보겠습니다.

(1) 내 블로그 통계

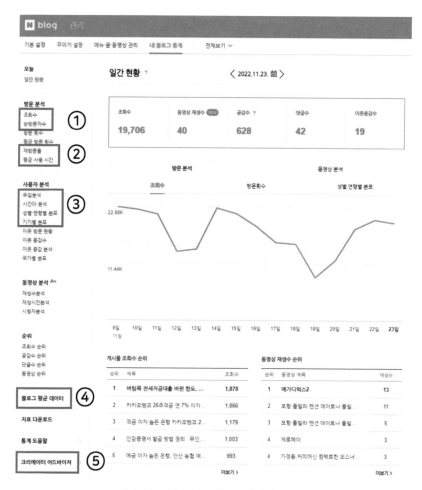

<내 블로그 통계 화면(출처 : 네이버 블로그)>

통계에선 PC와 모바일을 모두 확인할 수 있습니다. 가장 중점적으
로 체크할 것은 방문 분석, 사용자 분석, 블로그 평균 데이터, 크리에

이터 어드바이저입니다. 그 외 통계는 대략적인 블로그 현황을 알려 주는 사항이라 천천히 살펴봐도 됩니다. 통계는 일간, 주간, 월간 단위로 볼 수 있으며 지표 다운로드로 엑셀 파일로 저장할 수 있으니 필요에 따라 주기적으로 평균치를 관리하는 것도 좋습니다.

①은 조회 수 대 순방문자 수를 일간 현황에서 분석했을 때 순방문자 수 대비 조회 수가 더 많이 나오는 것이 이상적입니다. 이는 검색 사용자가 내 블로그에 방문했을 때 1개 이상의 글을 조회했다는 의미로 그만큼 검색 사용자가 만족하는 글을 썼다고 해석할 수 있습니다. ②의 경우 재방문율과 평균 사용 시간은 C-Rank 지수에 영향을 주는 항목으로 재방문율 및 평균 사용 시간이 길수록 블로그가 주는 신뢰도가 올라가고 이는 검색 노출에 긍정적인 영향을 미칩니다. ①의 조회 수가 더 많은 것도 이와 비슷한 맥락으로 해석할 수 있는데 재방문율 같은 경우에는 주로 댓글 등으로 인한 추가 유입이 될 수 있으므로 이웃 및 검색 사용자와의 지속적 교류가 중요합니다.

③의 사용자 분석은 향후 지속적인 방문자 유입 증가를 위해 필수적으로 분석해야 하는 항목입니다. 이것을 보면 내 글을 선호하는 대상, 시간대, 기기 등의 정보를 알 수 있습니다.

그중에서도 유입 분석은 상당히 중요한 지표 중 하나입니다. 내 블로그를 어떤 경로를 통해서 들어오는지를 알아 두고 해당 경로를 통한 노출에 주력하면 좀 더 많은 방문자 유입 효과를 얻을 수 있습니다.

제 채널의 경우 모바일이 60.36%로 반 이상을 차지하고 있습니다. PC도 21.79%였으며 모두 통합 검색을 통한 유입이었습니다.

<블로그 통계 내 유입 분석 화면(출처 : 네이버 블로그)>

약 82%가 검색 노출에 의한 것이었고 구독을 통한 유입은 대략 10% 정도였습니다.

하지만 네이버 이외의 사이트 유입은 채 1%가 되지 않아 다양한 곳에서의 노출을 기대할 수 없었습니다.

상세 유입 경로를 보면 어떠한 키워드로 내 블로그에 방문했는지를 알 수 있기 때문에 검색량이 높거나 주력 키워드라면 순위를 유지하는 것이 중요합니다.

시간대 분석도 매우 중요합니다. 이 경우 어떤 시간대에 내 블로그에 누가, 어떤 경로로 들어오는지 분석할 수 있습니다. 여기서 중요한 것은 내가 글을 업로드하고 검색엔진에 1차 반영이 되기 전 공감과 댓글, 체류시간, 스크랩 등에서 많은 반응을 얻었을 때 랭킹에 긍정적인 영향을 미칠 수 있다는 점입니다.

따라서 아무 유입이 없는 시간대에 글을 발행하면 이러한 신뢰도 점수를 올릴 수 있는 검색 사용자의 호응이 낮을 수 있습니다. 가능하다면 유입이 활발한 시간대를 골라 발행하는 것이 좋습니다.

제 채널의 경우 아침 7시쯤부터 서서히 유입이 많아지고 12시에 잠시 하락하다 15시쯤 정점을 찍고 내려옵니다. 다시 21시에 반등하고는 서서히 내려오는 그래프입니다.

이를 분석하기 위해서는 자신의 블로그 주제의 특성을 고민해야 합니다. 재테크하는제인 채널은 경제·비즈니스 분야로 주로 재테크, 투자, 경제정책, 세금과 관련된 키워드로 유입이 활발합니다. 특히 성별, 연령별 분포를 보면 남자보다는 여자의 비율이 높고 20대 중반~50대 초반까지 청년에서 중년층 비율이 상대적으로 높습니다.

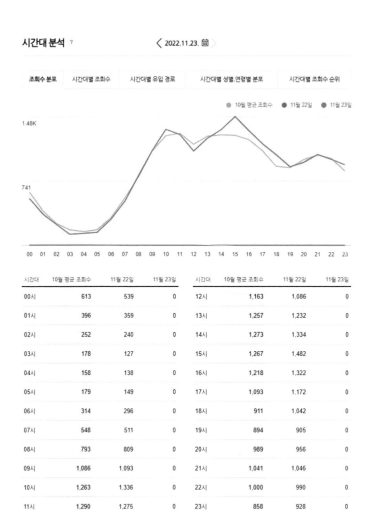

시간대 분석 ?

〈 2022.11.23. 📅 〉

조회수 분포　시간대별 조회수　시간대별 유입 경로　시간대별 성별.연령별 분포　시간대별 조회수 순위

● 10월 평균 조회수　● 11월 22일　● 11월 23일

시간대	10월 평균 조회수	11월 22일	11월 23일	시간대	10월 평균 조회수	11월 22일	11월 23일
00시	613	539	0	12시	1,163	1,086	0
01시	396	359	0	13시	1,257	1,232	0
02시	252	240	0	14시	1,273	1,334	0
03시	178	127	0	15시	1,267	1,482	0
04시	158	138	0	16시	1,218	1,322	0
05시	179	149	0	17시	1,093	1.172	0
06시	314	296	0	18시	911	1,042	0
07시	548	511	0	19시	894	905	0
08시	793	809	0	20시	989	956	0
09시	1,086	1,093	0	21시	1,041	1,046	0
10시	1,263	1,336	0	22시	1,000	990	0
11시	1,290	1,275	0	23시	858	928	0

<블로그 통계 내 시간대 분석 화면(출처 : 네이버 블로그)>

즉, 재테크에 관심이 많은 2050세대의 유입이 많고 이를 감안해 본다면 이들의 생체리듬 혹은 생활 패턴과 제 블로그 시간대 리듬이 비

숫하다는 결론을 얻을 수 있습니다. 그래서 유추해 보자면 직장에 출근하는 시간부터 유입이 활발하고 점심시간대에는 잠시 주춤했다 오후 3~4시쯤 정점을 찍고 퇴근 후 잠들기 이전에 다시 검색 유입이 일어납니다. 따라서 이러한 그래프를 참고해 많은 사람이 볼 수 있도록 오전 9시 전후나 오후 3시 전후의 발행이 글의 초반 유입을 늘릴 수 있는 전략입니다.

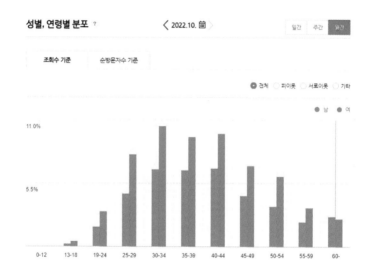

<블로그 통계 내 성별, 연령별 분포 화면(출처 : 네이버 블로그)>

(2) 블로그 평균 데이터

블로그 평균 데이터의 경우 비교 지표가 활동 중인 전체 블로그의 평균 데이터입니다. 조회 수, 게시글 평균 사용 시간, 시간대 분포, 성별, 연령별, 기기별 분포를 볼 수 있습니다.

내 것만 볼 수 있었던 통계와 다르게 전체 블로그 평균과 내 블로그 수준을 비교할 수 있어 3개월에 한 번씩 발행되는 평균 데이터를 참고하면 상위권과 비교해 내 블로그가 얼마나 성장했는지 알 수 있습니다.

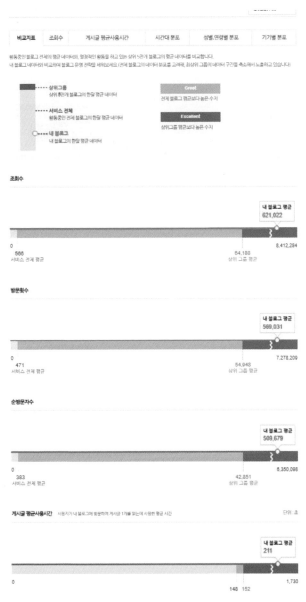

<블로그 통계 내 평균 데이터 화면(출처 : 네이버 블로그)>

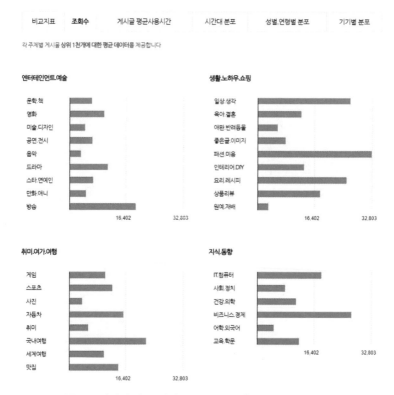

비교지표 | **조회수** | 게시글 평균사용시간 | 시간대 분포 | 성별.연령별 분포 | 기기별 분포

각 주제별 게시물 상위 1천개에 대한 평균 데이터를 제공합니다

엔터테인먼트.예술

문학.책	
영화	
미술.디자인	
공연.전시	
음악	
드라마	
스타.연예인	
만화.애니	
방송	

16,402   32,803

생활.노하우.쇼핑

일상.생각	
육아.결혼	
애완.반려동물	
좋은글.이미지	
패션.미용	
인테리어.DIY	
요리.레시피	
상품리뷰	
원예.재배	

16,402   32,803

취미.여가.여행

게임	
스포츠	
사진	
자동차	
취미	
국내여행	
세계여행	
맛집	

16,402   32,803

지식.동향

IT.컴퓨터	
사회.정치	
건강.의학	
비즈니스.경제	
어학.외국어	
교육.학문	

16,402   32,803

<블로그 데이터 내 주제별 조회 수 화면(출처 : 네이버 블로그)>

　전체 평균 조회 수를 보면 패션·미용, 일상·생각, 경제·비즈니스, 요리·레시피 등이 높았는데 이는 그만큼 검색량이 많다는 것을 의미합니다. 따라서 내가 오로지 방문자 수가 많은 것을 목적으로 블로그를 운영하고자 한다면 이러한 조회 수를 기반으로 하는 주제를 선택하는 것도 하나의 방법입니다. 물론 게시글 평균 사용 시간은 앞에서 설명한 것과 같이 글과 주제의 특성상 체류시간이 다르다는 점도 사

전에 알아 두면 도움이 될 겁니다.

(3) Creator Advisor

<Creator Advisor 화면(출처 : 네이버 블로그)>

Creator Advisor는 네이버에서 운영하는 채널을 통합해 창작자에게 통계를 제공하는 서비스로 블로그, 포스트, 인플루언서 검색 등의 채널을 분석할 수 있습니다. 조회 수가 높은 콘텐츠를 순서대로 10개까지 제공해 어떤 주제의 콘텐츠가 인기가 있는지도 한눈에 볼 수 있습니다.

블로그 통계와 겹치는 부분도 있지만 다른 점은 리워드, 트렌드, 비즈니스 카테고리를 볼 수 있다는 점입니다. 리워드 분야에서 콘텐츠별 노출, 클릭 기여도 리스트와 트렌드 분야의 주제별, 성별, 연령별 인기 유입 검색어는 자주 체크하면 블로그 성장에 많은 도움이 됩니다.

<Creator Advisor 리워드 탭 화면(출처 : 네이버 블로그)>

익 · 영역별수익 · 광고클릭/노출수 · 콘텐츠별 예상수익 맵 · 콘텐츠별 노출 기여도 · **콘텐츠별 클릭 기여도**

설정한 채널별 광고 클릭수에 기여한 콘텐츠의 순위와 기여도를 제공합니다. 예상 수치이므로 정확한 데이터는 제공하지 않습니다

카카오뱅크 26주적금 연 7% 이자, 소액으로 돈 모으는 방법

종합부동산세 : 종부세 기준, 납부기간, 과세대상 정리

기준금리 인상 빅스텝 단행, 앞으로 재테크 방향은?

적금 이자 높은 은행 카카오뱅크 26주 적금 앱테크도 가능

버팀목 전세자금대출 바뀐 한도, 조건(w.내집스캔으로 승인 미리 보기)

2022 고용노동부 실업급여 조건, 신청방법, 수급기간, 구직급여 안내

주택청약 1순위 조건, 신청 방법, 추첨제 : 주택청약의 모든 것

퇴직연금 종류와 개인형 퇴직연금 irp의 효율적 운영법

예금 이자 높은 은행, 안산 농협 예금 특판 최대 연 6.167% 금리(마감)

20대 적금 추천, 근로장려금 적금 이자 높은 은행 12종

<Creator Advisor 콘텐츠별 클릭 기여도 화면(출처 : 네이버 블로그)>

프리미엄을 제외한 일반 블로그 광고는 클릭을 기반으로 해 클릭이 많을수록 리워드가 높아지는 경향이 있습니다. 따라서 내 광고 수익을 높이기 위해서는 검색 사용자가 콘텐츠를 읽고 난 후 중간, 하단에 위치한 광고를 클릭해야 합니다.

그러므로 콘텐츠별 클릭 기여도를 주기적으로 살피는 것은 그만큼 나의 수익을 안정적으로 유지할 수 있게 관리하는 것입니다. 콘텐츠별 클릭 기여도는 아래 경로로 확인할 수 있습니다.

리워드 → 채널(블로그, 포스트, 인플루언서 검색 중 택 1) → 콘텐
츠별 클릭 기여도

노출이 많다고 해서 꼭 클릭이 많은 것은 아닙니다. 그만큼 검색 사
용자가 내 글을 읽었을 때 어떤 광고를 클릭할 것인지는 아무도 모릅
니다. 하지만 이러한 클릭 기여도가 높은 글을 계속 상위권에 유지시
키는 일은 어느 정도의 클릭 수를 유지할 수 있다는 점에서 꼭 관리
가 필요한 부분입니다.

게시물 전체 │ 동영상 │ 모먼트

내 게시물의 검색어별 유입수를 타 게시물의 검색어별 유입수와 비교합니다.

자세히 보기▼

종합부동산세   경쟁력지수 **100** ∧

전체 평균 6.38   Top5 평균 **52.65**

검색어별 통계보기

종부세 기준	경쟁력지수 **100** ∨
적금 이자 높은 은행	경쟁력지수 **100** ∨
26주적금	경쟁력지수 **100** ∨
카카오뱅크 26주적금	경쟁력지수 **100** ∨
카카오 26주 적금	경쟁력지수 **100** ∨
애드포스트	경쟁력지수 **100** ∨
버팀목전세자금대출	경쟁력지수 **40.66** ∨
인감증명서 발급	경쟁력지수 **44.89** ∨
문화상품권 사용처	경쟁력지수 **48.6** ∨

<Creator Advisor 유입 검색어 경쟁 현황 화면(출처 : 네이버 블로그)>

또, 주기적인 관리가 필요한 부분은 유입 분석 → 유입 검색어 경쟁 현황입니다. 일일이 내 글의 키워드 관리를 하지 못할 때 이용하면 효율적인 관리가 가능합니다. 경쟁력 지수가 100이라면 검색 사용자 들이 검색 후 내 글을 가장 처음으로 클릭한다는 뜻입니다. 만약 내

글이 현재 통합 검색 1위(최상단 노출)임에도 불구하고 경쟁력 지수가 100이 아니라면 다른 2위, 3위 글을 먼저 클릭한다는 뜻이기 때문에 항상 이를 체크하면서 관리하는 것이 필요합니다.

<Creator Advisor 경쟁력 지수로 보는 제목의 중요성
(출처 : 환장의 도나랜드에 사는 고양이집사 리샤 블로그) >

예를 들어 '오드아이 고양이'라는 키워드로 검색했을 때 나오는 글 중 네이버 인플루언서 '고양이집사 리샤'님의 글은 2위로 보여집니다.

하지만 Creator Advisor를 봤을 때 경쟁력 지수는 100이 나옵니다. 그 이유는 1위 글이 검색 사용자로 하여금 클릭을 할 만큼의 매력, 즉 궁금증을 해소할 만한 제목이나 섬네일을 가진 글이 아니라는 뜻입니다.

1위 글과 비교했을 때 제목은 큰 차이점이 없으나 시각적인 이미지에서 오드아이 고양이에 대한 특징이 명확하게 드러났기 때문에 2위 글 클릭이 많았던 것으로 유추할 수 있습니다.

Creator Advisor를 통해 이렇게 내 글이 통합 검색 1위를 하고 있음에도 불구하고 경쟁력 지수가 떨어진다면 그 원인을 찾아 수정, 보완하면 유입과 노출, 두 가지 모두를 함께 높일 수 있습니다.

주제별 인기유입검색어 · 성별,연령별 인기유입검색어

유입수가 많은 검색어를, 각 주제별로 확인할 수 있습니다. 관심있는 주제를 사용자 취향에 맞게 설정할 수 있습니다. (최대 8개 제공) 인플루언서검색 서비스 개편으로 인해 2021년 12월 29일 이후의 통합검색 유입 데이터에 변화가 있을 수 있습니다.

IT·컴퓨터   **비즈니스·경제**   국내여행   상품리뷰   교육·학문   육아·결혼   건강·의학

사회·정치   ⚙ 주제 설정

대박퀴즈	1.4% ›
대박퀴즈1124	0.21% ›
위믹스	0.21% ›
새마을금고 정기예금 금리	0.13% ›
종합부동산세	0.12% ›
월드컵 일정	0.1% ›
화물연대 파업	0.09% ›
변리사	0.08% ›
일회용품 규제	0.08% ›
코로나 지원금	0.08% ›
실업급여조건	0.08% ›
실업급여	0.08% ›
둔촌주공	0.07% ›
근로장려금	0.07% ›

<Creator Advisor 주제별 인기 유입 검색어 화면(출처 : 네이버 블로그)>

네이버에서 실시간 검색어 서비스가 사라져 특정 시점에 트렌드를 주도하는 키워드를 찾는 것이 어려워졌습니다. 하지만 Creator Advisor에서는 각 채널별로 주제, 성별, 연령별 인기 유입 검색어 서비스를 제공해 사람들의 검색 니즈에 대한 데이터를 제공하고 있습니다.

따라서 키워드를 잡는 것이 어렵다고 느낀다면 트렌드 카테고리의 인기 유입 검색어를 메인 혹은 서브 키워드로 잡고 글을 발행하면 방문자 유입을 증가시킬 수 있습니다.

5) 무한 링크

<무한 링크 블로그 활용 예시>

무한 링크는 보통 블로그 포스트 하단에 관련 링크를 넣거나 검색 사용자로 하여금 다시 클릭하고 싶게끔 제목, 섬네일을 만들어 첨부하는 것을 말합니다. 이때 가장 좋은 방법은 해당 포스트와 가장 유사한 내용을 담은 포스트 링크를 담는 것인데 같은 주제일수록 클릭률이 높습니다.

또 하나 유입을 높이는 방법은 현재 검색 노출이 밀려 유입이 적은 글을 다시 최근 글 하단에 첨부해 조회 수를 높이는 것입니다. 이는 검색 노출이 어렵기 때문에 조회 수가 아주 적은 글을 검색 유도로 다시 흡수하는 것으로 장기적으로는 검색 사용자에게 볼거리를 제공하고 나에게는 방문자 수 대비 조회 수를 높이는 방법이 될 수 있습니다. 방법은 2가지인데 하이퍼링크와 섬네일이 보이는 일반 링크 첨부 방식입니다. 예시로 설명하면 다음과 같습니다.

원글 : 네이버 애드포스트 수익 2천만 원이 되기까지의 시간

▌제인이 추천하는 수익화 시리즈

1. 블로그로 버는 부수입 공개 정산
2. 집에서 돈 버는 방법과 체험단 공략법
3. 블로그 글쓰기로 광고주 불러오기
4. 블로그 시작 6개월 만에 일방문자 1만 명 달성한 비법

<본문 내 하이퍼링크 활용 예시>

이렇게 원글과 동일한 주제를 갖지만 검색 사용자로 하여금 흥미를 유발할 수 있는 제목으로 하이퍼링크를 만들고 본인 채널의 다른 글로 유도합니다. 하이퍼링크는 글자를 링크화시킨 것이라 매력적인 제목을 지어 유입을 유도할 수 있으나 그만큼 시각적인 부분이 약해 유입에 어려움이 있을 수도 있습니다. 그러므로 필요에 따라 섬네일이 보이는 일반 링크를 첨부하는 것도 좋은 방법입니다. 본인의 블로그 연령별, 성별 등의 특성에 따라 클릭률을 높일 수 있는 방법을 선택하는 것이 좋습니다.

CHAPTER 5.

중급 코스(두 번째 월급 받기)
: 의미 있는 수익 만드는
블로그 실전 노하우

1. 돈이 되는 키워드를 공략하자

본격적인 블로그 수익화를 위해서는 확실한 키워드 공략법이 필요합니다. 기본적인 네이버 광고 방식을 이해하고 이를 통한 키워드 단가 산출, 확실한 유입을 위한 핵심 담은 제목 짓기, 구독자 확보를 위한 매력적인 글쓰기 방법 등을 이 장에서 설명하겠습니다.

중급 코스에서 중요한 것은 확실하게 키워드 분석을 하고 이 키워드를 상위 노출시킬 수 있는 글쓰기 스킬을 중점적으로 연마하는 것입니다.

1) 네이버 광고 방식 이해하기

CPC(Cost Per Click)

CPC 방식은 검색 사용자의 검색 결과에 따라 유사한 내용의 광고 배너 및 링크를 노출시키는데 노출 수와 상관없이 클릭당 광고료를 지급하는 방식입니다.

<모바일 CPC 광고 예시(출처 : 유나쨩의 매콤한 육아 일상)>

<PC 버전 CPC 광고 예시>

CPC 방식은 무조건 클릭당 광고료를 지급하는 것이기에 노출 수가 절대적인 기준이 아닙니다. 클릭을 많이 할수록 블로거 수익이 증대되므로 방문자가 광고로 유입될 수 있게끔 하는 기술이 수익 증대를 위해 필요합니다.

애드포스트 설정

미디어에 광고를 게재하고 광고에서 발생한 수익을 배분 받는 광고 매칭 및 수익 공유 서비스입니다.

애드포스트 관리하기 ›

애드포스트 사용 설정   ◉ 사용   ○ 사용하지 않음
하단광고와 본문광고가 모두 노출됩니다.

본문광고 사용 설정   ◉ 사용   ○ 사용하지 않음
스마트에디터 2.0 으로 작성된 포스트는 적용되지 않습니다.

본문광고 위치 선택   ◉ 모두(기본)   ○ 중간   ○ 하단

<블로그 관리-애드포스트 설정 화면(출처 : 네이버 블로그)>

이를 위해서는 우선 내가 작성한 글과 관련된 광고가 붙는 것이 클릭에 가장 유리한 순서가 되겠지만 그렇지 않을 때에는 본문 광고 위치를 바꿈으로써 검색 사용자가 포스트를 읽다 광고를 클릭해 좀 더 확실하게 궁금증을 해소를 할 수 있도록 유도하는 것도 하나의 방법이 될 수 있습니다. 광고 위치 설정은 PC버전 메뉴·글·동영상 관리에서 애드포스트 설정에 들어가면 기본(중간, 하단 모두), 중간, 하단으로 변경할 수 있습니다.

광고 위치 설정은 내 글을 읽는 독자 성향이나 글의 특징에 따라 달라질 수 있습니다. 예를 들어 상품 리뷰를 쓰는 경우 글을 모두 끝까

지 읽고 상품 구입의 의지가 있다면 하단 광고까지 클릭할 수 있도록 하는 것이 가장 이상적인 루트입니다. 하지만 단순 정보성 글이라면 내가 필요한 정보만 취한 후 뒤로 가기를 누를 수도 있습니다. 문서를 끝까지 내려서 광고까지 보지 않을 가능성도 있다는 것입니다. 이럴 때는 광고를 중간에 위치시켜 좀 더 많은 노출 기회를 얻는 것이 좋습니다. 따라서 기본, 중간, 하단을 각각 설정한 후 가장 애드포스트 수익이 많이 나오는 위치로 설정하는 것이 좋습니다.

CPM(Cost Per Mille)

CPM 방식은 광고 매체를 이용해 1,000명 또는 1,000가구에 광고를 노출시키는데 소요되는 비용을 뜻하는 것으로 광고주가 정액 광고료를 지급하는 방식입니다. 따라서 블로거는 노출 수가 많을수록 수익이 증대됩니다.

<인플루언서 전용 프리미엄 광고 예시>

　　현재 CPM 방식 광고 진행은 인플루언서만 적용되고 있고 이것도 일정 조건(팬 3천 명 이상, 인플루언서탭 상위 노출 또는 분야별 인플루언서 상위 순위자)을 충족해야 가능합니다. 노출 수가 많을수록 수익이 증대되므로 수익을 높이기 위해 방문자 유입을 늘려야 합니다. 따라서 검색량이 많은 키워드를 다수 선점하거나 시즌 및 이슈 키워드를 활용하는 것도 하나의 전략입니다. 또, 프리미엄 광고는 모바일에만 적용되므로 모바일 검색량과 노출 순위를 고려해 작성하는 것도 수익 증대에 도움이 됩니다.

2) 키워드 찾아주는 사이트 : 키워드 검색량 파악하기

블로그 포스팅을 할 때 가장 충실하게 준비해야 하는 것이 바로 키워드를 찾는 작업입니다. 네이버에서 블로그로 방문자를 유입시키기 가장 쉬운 방법이 키워드 검색이기 때문입니다. 키워드란 검색 사이트에서 사용자가 특정 의도를 가지고 정보를 찾기 위해 사용하는 단어입니다. 이 단어를 중심으로 여러 개의 서브 키워드가 서로 관련성을 맺고 문장, 문단이 돼 하나의 포스트가 만들어집니다.

때문에 평소 검색량 높은 키워드, 검색량은 많지만 경쟁이 세지 않은 키워드, 내 지수를 올려줄 수 있는 상위 노출 가능한 키워드를 찾아 사전에 준비하면 시간을 절약하며 양질의 글을 쓸 수 있습니다.

키워드 검색량을 파악할 수 있는 사이트는 여러 곳이 있지만 가장 기본적으로 네이버 검색 광고 사이트에서 키워드 도구를 보는 것이 좋습니다. 그외 블랙키위, 키워드마스터, 키자드, 카똑똑 같은 사이트에서 조회 가능합니다.

(1) 네이버 검색 광고

<네이버 검색 광고 화면(출처 : 네이버 검색 광고)>

네이버 검색 광고는 검색과 디스플레이 광고를 게시할 수 있도록 성과와 예상 광고비, 맞춤광고 제안 등의 서비스를 제공하는 플랫폼으로 검색량뿐만 아니라 클릭 수, 예상 노출 수, 광고 단가 등을 파악할 수 있습니다.

꼭 광고주만 이용할 수 있는 사이트가 아니기 때문에 누구나 접근할 수 있습니다. 사이트 내에서 키워드 도구를 클릭해 연관 키워드까지 조회할 수 있습니다.

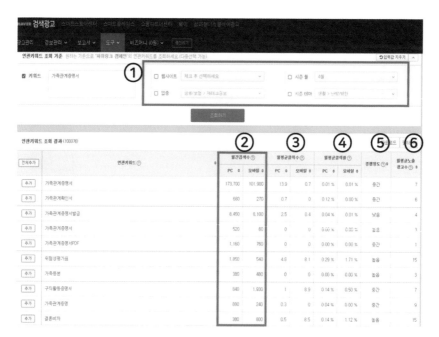

<네이버 광고 키워드 도구 화면(출처 : 네이버 검색 광고)>

키워드 도구를 좀 더 자세히 살펴보겠습니다. ①번에서 메인 키워드를 검색하고 연관 키워드 조회 시 웹사이트, 시즌 월, 업종, 시즌 테마 등을 선택할 수 있습니다.

중요한 것은 ②번입니다. 월간 검색 수를 수치화해 보여주는데 PC와 모바일로 나뉩니다. ③번은 특정 키워드로 검색했을 때 통합 영역에서 노출된 광고가 월평균 얼마나 클릭되는지 보여주는 수치입니다. ④번은 최근 한 달간 해당 키워드로 통합 검색 영역에 노출된 광고가 얻은 평균 클릭률을 의미하는 것으로 광고 노출 수가 1,000회이고, 노출된 광고를 클릭한 횟수가 5회라면 클릭률은 0.5%가 됩니다.

⑤번은 최근 한 달간 해당 키워드에 대한 경쟁 정도를 PC 통합 검색 영역 기준으로 구분한 지표로 다수의 광고주가 선택한 키워드일수록 경쟁 정도가 높습니다. ⑥번은 최근 한 달간 사용자가 해당 키워드를 검색했을 때, PC 통합 검색 영역에 노출된 평균 광고 개수로 ⑤번 지표와 함께 키워드의 경쟁 정도를 가늠해 볼 수 있습니다.

대부분 블로그를 운영하는 사람이라면 가장 먼저 월간 검색 수가 높은 키워드를 선점하고 싶을 것입니다. 월간 검색 수가 많다는 것은 그만큼 많은 사람이 관심 있게 보는 분야로 상위 노출되었을 때 방문자 수 유입이 많을 수 있다는 것을 의미하기 때문입니다. 하지만 이것이 늘 일치하지는 않습니다. 직접 PC나 모바일로 키워드를 검색했을 때 과연 블로그 글을 먼저 클릭해서 보는 키워드인지를 체크해 봐야 한다는 것입니다.

예를 들어 '가족관계증명서' 키워드는 월간 검색 수가 PC 17만 3,700건, 모바일 10만 1,900건으로 상당히 많습니다. 검색량만 보고 글을 써서 상위 노출을 했는데도 유입량이 적다면 이유가 무엇일까요?

통합   이미지   VIEW   지식iN   인플루언서   동영상   쇼핑   뉴스   어학사전   지도   ···

🦎 efamily.scourt.go.kr
대법원 전자**가족관계**등록시스템

증명서발급 · 나의 발급 이력 · **증명서** 진위확인 · 인터넷신고 · 고객센터 · 통계 · 민원안내
가족관계등록부, 제적부 인터넷 발급, **가족**, 기본, 혼인, 입양, 친양자입양**관계 증명서** 발급
robots.txt로 인해 정보를 수집할 수 없습니다. ⓘ

가족관계증명서 FAQ

Q. **가족관계증명서 발급은 어떻게 하나요?**   ⌄

🌐 **hosp.ajoumc.or.kr**   ⋮
인터넷 증명서 발급센터 바로가기 증명서 종류 발급안내 진단서/소견서 진단서/소견서는 환자 본
인이 진료와 접수 후 주치의로부터 직접 발급 받으셔야 합니다. 단 사망 또는 의식이 없는 경우 ...
AI 스니펫 기술로 생성된 Q&A입니다.   더보기

<가족관계증명서 네이버 검색 화면. 검색량이 실제 블로그
유입으로 이루어지지 않는 예(출처 : 네이버 검색)>

'가족관계증명서'를 검색했더니 발급받을 수 있는 웹사이트가 바
로 상위에 노출되어 있고, 가족관계증명서 발급에 대한 직접적인 설
명이 FAQ 형태로 그 다음 탭에 나옵니다. 이렇게 월간 검색 수는 높지
만 월평균 클릭 수가 현저히 낮다는 것은 그만큼 검색을 했을 때 블로
그 글을 보지 않아도 알고 싶은 정보를 이미 충족했다는 뜻입니다.

그러므로 키워드 도구를 사용할 때는 사전에 미리 모바일이나 PC
로 검색을 해보거나, 키워드 도구로 클릭률까지 확인해 봐야 방문자
유입 증대라는 목적을 달성할 수 있습니다.

(2) 블랙키위

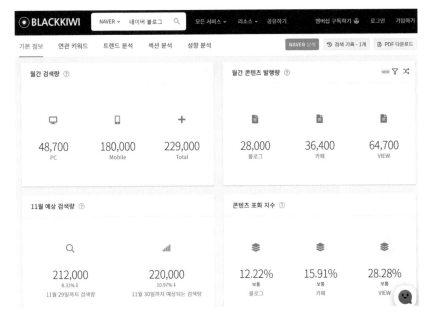

<블랙키위 서비스 화면(출처 : 블랙키위)>

블랙키위는 키워드 검색량을 간단하게 파악할 수 있는 사이트로 키워드 분석, 연관 키워드, 트렌드, 월별 및 요일별 검색 비율, 기기별 섹션 배치 순서, 상위 노출된 기존 글 분석 등의 서비스를 무료로 제공합니다.

검색량 및 발행량, 포화 지수가 보기 좋게 한눈에 들어오게 디자인 돼 있고 키워드에 대한 다양한 분석을 무료로 볼 수 있는 것이 장점입니다. 또, 연관 검색어도 검색량에 따라 추천해 보여줘 초보자가 이용하기 편합니다. 다만, 유료 멤버십 서비스도 있어 좀 더 고도화된 정보를 보기 위해서는 일정 금액의 월 결제를 해야 합니다.

(3) 키워드마스터

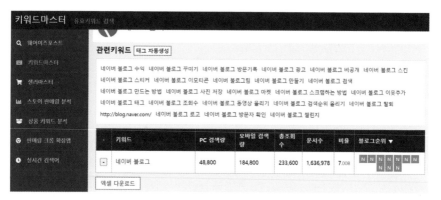

<키워드마스터 서비스 화면(출처 : 키워드마스터)>

키워드마스터도 블랙키워랑 비슷한 서비스를 제공하고 있습니다. 관련 키워드가 태그 자동 생성되고 이미 노출된 상위 글에 대한 순위 공개, 조회 수 대비 문서 수 등 비슷한 내용을 가지고 있습니다.

하지만 블로그만 기준으로 키워드를 제공하는 것이 아니라 스토어 판매량 분석, 상품 키워드 분석 등의 기능을 제공해 스마트스토어를 운영하는 분에게도 도움이 될 수 있습니다.

제목	상태	키워드		순위
네이버페이 머니 하나 체크카드 추천 및 혜택 정리 #네이버페이카드 #네이버페이머니체크카드 #하나네이버페이머니체크카드 #체크카드추천	✓	네이버페이 머니 하나체크	🔍	1
스타트업 청년사업 시작한다면 경북콘텐츠기업지원센터 주목 #스타트업 #청년사업 #경북콘텐츠기업지원센터	✓	스타트업	🔍	6
종합부동산세 : 종부세 기준, 납부기간, 과세대상 정리 #종합부동산세 #종부세 #종부세기준 #종부세납부기간 #종합부동산세과세대상	✓	종부세 기준	🔍	2
ESG 경영이 투자에 중요한 이유(w. SK I의 시각보조 AI 서비스) #코드네임설리번 #착한한장챌린지 #ESG #AI	✓	ESG 경영	🔍	5
가정용 커피머신 컴팩트한 오스너 예가디럭스로 선택 #커피머신 #가정용커피머신 #오스너예가디럭스 #예가디럭스 #에프스레소머신	✓	커피머신	🔍	19
포항 풀빌라 펜션 데이토나 풀빌라 끝내주는 오션뷰로 힐링하기 #포항펜션 #포항펜션추천 #포항풀빌라 #포항풀빌라추천 #포항풀빌라펜션 #데이토나풀빌라	✓	데이토나 풀빌라	🔍	21
적금 이자 높은 은행 카카오뱅크 26주 적금 앱테크도 가능 #적금이자높은은행 #카카오뱅크26주적금 #앱테크	✓	적금 이자 높은 은행	🔍	6

<키워드 검색 순위를 확인할 수 있는 '웨어이즈포스트' 화면
(출처 : 키워드마스터)>

키워드마스터의 특징은 '웨어이즈포스트'라는 기능인데 내 블로그 주소만 입력하면 현재 내가 쓴 글이 잘 노출되고 있는지 해당 키워드는 몇 위에 있는지를 보여줍니다. 상태가 초록색이면 노출이 잘 되고 있다는 뜻이고 빨간색이 뜬다면 누락됐거나 100위권 밖으로 밀려나서 노출이 되지 않는다는 뜻입니다. 내 글의 상태가 어떤지 간단하게 점검할 수 있다는 차원에서 이 기능을 이용하면 될 것 같습니다.

3) 광고 단가 높은 키워드 찾기

그렇다면 수익을 올리기 위해서는 어떤 키워드를 선택해야 할까요? 광고 단가를 분석해 단가 높은 키워드 위주로 포스팅을 한다면 확실한 수익 향상을 기대할 수 있습니다.

미디어		노출수	클릭수	클릭률(CTR)	수입예정액(원)
재테크하는 제인	+				2,128,424
alswl09100의 인플루언서 홈	+				9,841
alswl09100의 네이버 포스트	+				104,825
재테크하는 제인	+				1,429,585
alswl09100의 인플루언서 홈	+				6,509
alswl09100의 네이버 포스트	+				213,403
재테크하는 제인	+				1,749,486
alswl09100의 인플루언서 홈	+				6,416
alswl09100의 네이버 포스트	+				281,380
재테크하는 제인	+				**5,307,495**
alswl09100의 인플루언서 홈	+				**22,766**
alswl09100의 네이버 포스트	+				**599,608**

<각 채널에 따른 애드포스트 수입>

예를 들자면 제가 간간이 글을 쓰고 있는 네이버 포스트는 블로그에 비해 하루 방문자가 턱없이 모자를 정도로 노출 지수가 매우 낮았습니다. 하지만 어느 날부터 광고 수익이 조금씩 들어오더니 하루 평균 만 원 정도의 수익이 발생해 월 28만 원이 된 달도 있었습니다.

어떻게 이런 일이 가능했을까요? 핵심은 광고 단가였습니다.

<키워드와 연관된 파워링크 첨부 예시(출처 : 네이버 블로그)>

제 포스트 채널을 살펴보니 요양원 매매와 설립 조건에 관한 글을 쓴 것이 상위 노출되면서 방문자 유입이 생겼습니다. 물론 파워링크는 이와 관련돼 요양원 컨설팅, 실버타운, 노인 요양원 등 3개의 광고가 달린 것을 확인할 수 있었습니다.

키워드	입찰가	예상 노출수	예상 클릭수	예상 평균클릭비용	예상 비용
요양원매매	140	0	0	0	0 원
요양병원매매	140	10	4	112	448 원
노인요양원매매	140	66	11	95	1,050 원
요양원설립	140				0 원
요양원창업	140				
요양병원매매	140				
요양원컨설팅	140	16	7	140	980 원
요양원설립조건	140	612	21	93	1,960 원
요양원건축	140	10	0	0	0 원
실버타운분양	140	6,961	590	104	61,096 원
요양원분양	140				

노인 요양원 매매 1,050원
요양원 컨설팅 980원
요양원 설립조건 1,960원

실버타운분양 61,096원

<키워드에 따른 예상 광고 단가 예시(출처 : 네이버 검색 광고)>

각각의 키워드 단가를 분석해보니 노인 요양원 매매 1,050원, 요양원 컨설팅 980원, 요양원 설립조건 1,960원, 실버타운 분양 6만 1,096원으로 실버타운 분양 광고 단가가 압도적으로 비싼 것을 확인할 수 있었습니다. 따라서 노출 지수가 약한 채널이지만 특정 글이 상위 노출되고 단가 높은 관련 광고가 함께 노출되었기 때문에 그만큼 클릭 했을 때 저에게 돌아오는 이익이 컸던 것이었습니다.

결국 높은 광고 수익을 얻기 위해서는 양질의 글을 써서 최대한 상위 노출될 수 있게 해야 하며, 키워드 단가 분석으로 가격이 비싼 광고가 첨부될 수 있는 키워드를 선택해 글을 발행해야 합니다.

단, 여기서 광고 단가가 높은 키워드는 지나치게 상업성을 띄거나 노출 지수를 깎아먹을 가능성이 높은 위험 키워드도 있을 수 있으니 선별해 작성하는 것이 좋습니다. 이것을 구별하는 팁은 기본적으로 법에 저촉되거나 네이버 약관에 위배되는 키워드는 당연히 저품질 위험이 항상 있다고 생각하면 작성에 어려움이 없을 것으로 생각됩니다.

키워드 단가 분석하기

<네이버 검색 광고 키워드 도구 단가 분석 화면(출처 : 네이버 검색 광고)>

먼저 네이버 검색 광고의 키워드 도구에 접속해 내가 분석하고자 하는 단어를 검색합니다. 하위에 나오는 연관 검색어에서 내가 분석하고 싶은 단어가 있다면 클릭해 오른쪽 상단에 있는 선택한 키워드 박스에 추가해 줍니다. 추가한 다음에는 월간 예상 실적 보기를 클릭합니다.

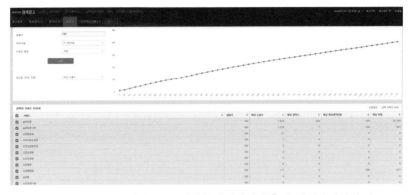

<네이버 검색 광고 키워드 도구 단가 분석 상세 화면(출처 : 네이버 검색 광고)>

월간 예상 실적 분석하기를 보면서 예상 비용을 보면 해당 키워드로 통합검색 상위 노출되었을 때 1개월간 발생될 수 있는 비용을 파악할 수 있습니다. 왼쪽 상단의 입찰가를 조정하면 그에 따라 예상 비용도 변경됩니다.

이러한 광고 예상 비용을 보면서 내가 노출시키고자 하는 키워드의 광고 단가를 유추해 볼 수 있고 이는 내가 이 키워드를 상위 노출시켰을 때 발생하는 수익도 예상할 수 있다는 뜻입니다. 따라서 광고주의 단가 분석 방법을 알아 둔다면 역으로 단가가 비싼 키워드를 많이 노출시킬수록 내가 가져갈 수 있는 수익도 커질 수 있다는 것을 염두에 두고 포스팅 계획을 잡으면 안정적인 수익화에 도움이 됩니다.

194

4) 지수가 낮다면? 세부 키워드를 공략하자

만약 내 블로그가 현재 노출된 글이 없어서 지수가 낮은 편이라면 지수 향상을 위해 세부 키워드를 공략하는 방법을 취할 수 있습니다. 세부 키워드를 찾는 가장 쉬운 방법은 PC, 모바일에서 자동완성 기능으로 나오는 연관 검색어를 보고 메인 키워드와의 조합으로 내가 상위 노출시킬 수 있는 단어를 타깃으로 글을 작성하는 것입니다.

<PC 검색으로 본 키워드 자동완성 기능(왼쪽)과 연관 검색어 화면
(출처 : 네이버 검색)>

<모바일 검색으로 본 키워드 자동완성 기능>

키워드 ⇅	월간 검색량 (Total) ⬆	블로그 누적 발행량 ⑦ ⇅
실업급여조건 질병	600	22,900
실업급여조건 이사	650	6,700
실업급여조건 나이	1,070	11,500
실업급여 신청조건	1,970	48,800
알바 실업급여조건	2,170	5,190
실업급여조건 6개월	2,500	14,400
실업급여 수급조건	3,630	22,500
휴업급여	5,210	58,200
고용보험실업급여신청	5,810	231,000
자진퇴사 실업급여조건	7,330	18,800
실업급여부정수급	7,390	10,900
실업급여 조기취업수당	8,510	39,700
실업급여 신청기간	10,520	75,500
고용노동부 실업급여	13,080	34,700
실업급여 구직활동	19,470	40,400
실업급여 수급기간	41,140	39,900
고용보험 실업급여 조건	42,250	212,000
실업급여신청	53,800	125,000
실업급여 신청방법	89,400	74,400

(표 안 강조 문구: "메인키워드로 쓰기엔 검색량이 적은 키워드", "발행량 대비 검색량이 높은 키워드")

<검색량과 발행량으로 보는 키워드 선택>

　　내 블로그 지수가 낮다면 노출되는 키워드 양을 늘려 기본적으로 유입되는 일방문자 수를 증가시키는 것이 블로그 성장에 가장 알맞은 방법입니다. 즉, 이 정도 경쟁률이라면 확실하게 상위 노출시킬 수 있겠다 싶은 키워드에 집중해야 한다는 뜻입니다.

PC와 모바일에서 내가 검색하고자 하는 키워드를 치면 자동완성 기능을 통해 사람들이 특정 단어와 함께 검색했던 키워드를 보여줍니다. 그 키워드가 연관 키워드가 되면서, 메인 키워드급은 아니지만 경쟁률이 낮으면서도 꾸준히 유입을 만들 수 있습니다.

하지만 이것도 모두 내가 노출시킬 수 있는 것은 아닙니다. 경쟁률을 보며 누적 발행량이 얼마나 되는지 체크해야 하고 발행량 대비 검색량이 높은 키워드를 선점하는 것이 좋습니다. 메인 키워드로 쓰기엔 너무 검색량이 적은 키워드는 조합을 통해 서브 키워드로 위치시키는 것이 좋습니다.

예를 들어 '실업급여 조건'을 검색했을 때 나오는 세부 키워드들로 조합했을 시 노출 지수가 낮은 블로그의 제목이 '자진 퇴사 실업급여 질병, 이사 조건 정리'라고 해봅시다. 여기서 '조건'이 '정리' 앞에 붙어야 자연스러운 제목이 됩니다. 하지만 '자진 퇴사 실업급여 조건' 키워드를 노출시키려면 SEO에 맞게 하나의 단어로 인식하게끔 실업급여 뒤쪽에 위치하는 것이 이상적이므로 최종적으로 '자진 퇴사 실업급여 조건(질병, 이사) 정리'가 가장 적당한 제목이 됩니다.

5) 인플루언서 검색 키워드 보면서 준비하자

궁극적으로 블로그 수익화의 목적은 내 블로그를 브랜딩하고 알리면서 다수의 사람들에게 긍정적인 영향력을 미칠 수 있고 이로 인해 광고 효과를 얻는 것이라고 생각합니다. 따라서 수익화 부분에서 인플루언서가 되는 것은 상당히 중요한 과업이면서 최종 목표인 것입니다.

그렇다면 인플루언서가 무엇이기에 왜 꼭 이 타이틀을 가져야 하는 걸까요?

내 블로그가 홍보를 할 수 있는 전광판이 되기 위해서는 그만큼의 역량을 가지고 있어야 합니다. 인플루언서는 그 역량을 네이버라는 공신력 있는 플랫폼에서 검증받았다는 의미입니다. 검색 사용자가 자연스럽게 네이버에서 검증받은 인플루언서가 생산하는 창작물은 높은 수준의 퀄리티와 신뢰를 가진다고 여기는 것입니다.

<인플루언서 키워드 챌린지 화면(출처 : 네이버 인플루언서)>

네이버 인플루언서는 지난 2020년 1월부터 선정이 시작됐습니다.
2023년 2월을 기준으로는 상당히 적은 수만 선발되고 있습니다. 그
만큼 이제는 포화 상태가 된 셈인데 그럼에도 불구하고 완전히 없어
진 제도는 아닙니다. 하지만 예전보다 인플루언서로 선정되기 상당
히 어려워진 셈입니다.

우리는 낙타가 바늘구멍을 통과하는 이 어려운 과정을 거쳐야 하는데 네이버가 원하는 인재가 되기 위해서는 네이버에서 제안한 키워드를 활용해 양질의 글을 써 내야 합니다.

그런 의미에서 인플루언서 검색은 이제껏 네이버가 추구하는 방향성이자 해당 카테고리 내에서 검색 사용자에게 인기 있는 키워드라는 결론입니다. 따라서 지금 당장 인플루언서가 아니더라도 인플루언서 검색에서 키워드를 찾고 이에 대한 포스팅 발행을 누적한다면 네이버의 인플루언서 선발 과정을 좀 더 수월하게 통과할 수 있을 것이란 생각입니다.

2. FAQ를 이용한
핵심 담은 제목 짓기

FAQ란 'Frequently Asked Questions'의 약자로 자주 묻는 질문들이라는 뜻입니다. 특정 주제에 대해 사용자가 자주 묻는 질문을 뽑아 바로 도움을 줄 수 있게 준비한 답변을 제공하는 것을 말합니다. 이를 검색엔진에서는 자주 검색했던 단어를 어떤 글로 답변이 가능했는지 파악할 수 있도록 인공지능이 빅데이터를 통해 질문자의 의도를 유추하고 그 의도와 가장 부합하는 포스트를 결과물, 즉 검색 랭킹으로 보여주는 것을 말합니다.

이 FAQ를 역으로 이용해 검색 사용자가 어떠한 의도를 가지고 검색을 했고 이에 대해 적절한 답변을 하는 형식으로 글을 작성해야 상위 랭킹으로 올라갈 가능성이 있습니다.

하지만 검색 사용자는 본문 내용을 모두 보지 못하기 때문에 내용을 축약한 제목으로 자신의 질문 의도에 맞는 게시물인지를 판단합니다. 검색 사용자가 매력적으로 느끼는 제목 짓기가 클릭을 유도하는데 가장 중요하다고 볼 수 있습니다.

1) 관련성 높은 제목 짓기

앞서 CHAPTER 4에서 설명한 것처럼 관련성을 높이는 것이 상위 노출을 위한 지수 향상에 도움이 됩니다. 이때 강조한 것이 제목과 본문의 연관성이었는데 본문을 축약한 것이 제목이라면 제목 내에서도 단어 간의 높은 연관성을 유지해야 자연스럽고 높은 관련성 점수를 받을 수 있습니다.

<자동완성 기능으로 파악할 수 있는 연관 키워드 분석>

예를 들어 '설악산'이라는 키워드를 검색창에 넣었을 때 자동완성

기능으로 나오는 연관 키워드는 케이블카, 대승폭포, 등산 코스, 맛집, 날씨, 국립공원, 울산바위, 공룡능선, 흔들바위, 숙소 등 총 10개입니다.

여기서 사람들은 어떤 의도를 가지고 설악산을 검색했을까요?

키워드 간의 연관성과 특성을 살펴보면 대부분 '등산' 및 '관광지'에 대한 것으로 유추할 수 있습니다. 따라서 검색 사용자는 설악산에 대해 특정 목적(등산 또는 관광)에 따라 그에 상응하는 상세한 정보를 알고 싶어서 키워드를 검색했습니다. 우리는 이런 검색 사용자의 의도를 기억하고 글을 기획해야 합니다.

키워드	월간 검색량	누적 발행량
설악산 등산 코스	16,010	51,700
설악산 울산바위	3,300	70,000
설악산 흔들바위	2,180	18,500
설악산 등산 코스 초보	680	3,130
설악산 등산 코스 시간	410	34,000

<설악산 연관 키워드 월간 검색량, 누적 발행량(단위 : 건)>

그렇다면 검색량과 누적 발행량을 참고해 제목을 지어봅시다. '설악산 등산 코스 울산바위, 흔들바위까지 초보 완주 시간' 이라고 하면 '설악산 등산 코스'라는 큰 제목 내에서 총 4개의 세부 키워드가 서로 연관성을 가지고 자연스럽게 배치됩니다. 이 제목을 가지고 본문을 기획한다면

1. 설악산 등산 코스 안내

2. 설악산 등산 코스 중 초보가 완주할 만한 코스 소개: 울산바위, 흔들바위(내가 다녀온 것이라면 경험치에 대한 가점)

3. 설악산 등산 완주 시간 및 부가적인 정보(준비물, 날씨 등)

4. 소감 : 내가 설악산 등산 코스 초보용 루트를 소개한 이유 등

이렇게 제목만 봐도 본문의 내용을 연상할 수 있어야 합니다. 이때 본문 내용이 제목에 들어가 있어야 하고 반대로 제목에 있는 키워드라면 본문에도 반드시 일정 비율의 언급이 있어야 서로 관련성에 대한 조건을 만족할 수 있습니다.

2) 꼭 1위 글만 클릭하는 것은 아니다

우리는 항상 상위 노출에 대한 부담감을 가지고 있습니다. 검색 랭킹 1위에 올랐다면 그만큼 검색량과 비례한 방문자를 블로그에 유입시킬 수 있기 때문입니다.

하지만 꼭 1위를 했다고 모든 검색 사용자가 내 블로그 글을 클릭하는 것은 아닙니다. 앞서 말씀드렸던 것처럼 FAQ에 따른 검색 사용자 의도에 맞는 매력적인 제목의 글이라면 1위 글이 아닌 하위 글을 클릭할 가능성도 있다는 뜻입니다.

그 예로 '동물병원' 키워드로 검색했을 때 1위 글이 있지만 2위 글의 경쟁력 지수가 100으로 더 높게 나온 것을 확인할 수 있었습니다.

그 이유는 검색 사용자들은 '동물병원' 키워드를 검색했을 때 비용과 항목 등에 대한 구체적인 정보를 원한다고 추측할 수 있습니다.

<매력적인 제목으로 클릭을 유도한 예시(출처 : 네이버 검색)>

현재 랭킹 1위 글은 단순 내과 진료 후기 글로 특정 동물병원을 방문한 후기성 글이기 때문에 검색 사용자가 원하는 정보가 담기지 않았다고 판단돼 2위 글이 경쟁력 지수가 더 높다고 해석할 수 있습니다. 경쟁력 지수는 앞서 통계 부분에서 언급한 Creator Advisor 유입 검색어 경쟁 현황에서 확인 가능합니다.

이 같은 예만 보더라도 검색 사용자 의도를 정확하게 파악한 제목만으로도 순위를 뛰어넘는 경쟁력 지수를 얻을 수 있습니다. 따라서 무엇보다도 독자의 클릭을 받을 수 있게끔 매력적인 제목을 짓는 것이 포스팅에서 중요하게 다뤄져야 하는 부분입니다.

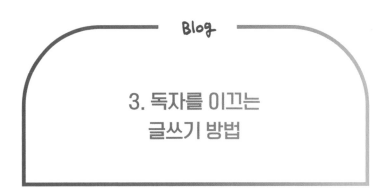

3. 독자를 이끄는 글쓰기 방법

1) '카더라' 로직 – 메인 키워드 7번, 2천 자의 비밀

대행사에서 광고 의뢰를 받고 가이드를 수령하고 나면 흔하게 볼 수 있는 것이 '본문에 메인 키워드는 7번, 2천 자 이상 써주세요'라는 요구사항입니다. 이제는 공공연한 비밀로 널리 알려진 VIEW탭 상위 노출을 위한 비법이라고 하지만 왜 이 조건을 충족해야 상위 노출이 되는지 그 원리는 언뜻 이해가 되지 않습니다.

하지만 곰곰이 생각해 보면 메인 키워드를 7번, 본문을 2천 자 이상을 쓰라는 말은 곧 키워드를 적절하게 배치하며 전반적으로 자연스럽게 물 흐르듯이 글을 써야 한다는 의미입니다. 2천 자 이상 글을 써야 한다는 것도 일정량 이상의 정보가 그 안에 담겨 있어야 된다는 것을 뜻합니다.

A사 무선청소기 내돈내산 구입 리뷰

© onurbinay, 출처 Unsplash

오늘 A사 로봇청소기를 구매해서 집에서 사용해봤다.
아기를 낳고 나서 좀 더 집안 청결상태에 예민해지다보니 꼭 한번 써봐야겠다는 생각이 들었다.
아무래도 A사 제품이 업계에서 제일 유명하다고 해서 사보니 정말 우리집에 들여놓길 잘했다고 느껴졌다.
가격은 좀 비쌌지만 내가 아기 볼 때 로봇청소기 이모님이 대신 청소를 해준다고 생각하니 이 정도는 감수 할 수 있을 것 같다.
사실 구입하고 난 후에는 남편이 더 좋아하는 것 같다.
아무래도 남편이 집안일을 주로 하기 때문에 제일 필요로 했던 사람이 아닐까 생각했다.
우리집 근처 몇 군데 방문하여 여러 회사를 비교해 봤는데
역시 A사 제품의 색상이 제일 마음에 들었고 블랙이라 깔끔한 우리집에는 제격이었다.
앞으로 잘 부탁해~ 로봇청소기 이모님! 우리집 곳곳을 청소해줘!!
너만 믿는다.
우리 아가의 건강과 가족의 편안함을 너에게 부탁할게.

<500자 이하 짧은 글 포스팅 예시>

예를 들어 'A사 로봇청소기 성능'을 검색한 사용자가 블로그 리뷰를 클릭했을 때 아주 짧은 500자 이내의 간단한 소감만 남긴 글을 봤다면 검색 사용자의 궁금증이 모두 해소될 수 있을까요? 아마 사용자

는 A사 로봇청소기를 썼을 때 어떤 성능이 좋고 무엇을 어떻게 활용하면 생활에 도움이 되는지를 알아보고 싶었을 겁니다. 하지만 짧은 글에서는 내가 원하던 정보를 자세하게 얻기는 힘듭니다.

예시에서는 왜 로봇청소기를 구매했고 어떤 경로로 했는지 나와있지만 이에 대한 제품 설명과 사용 후기 등이 부족합니다. 실제로 사용해 보고 안내하는 제품의 성능, 사용 시의 장단점, 타사와 비교했을 때 A사가 더 매력적이었던 이유 등이 첨부되었다면 좀 더 검색 사용자를 만족시키는 포스트가 되었을텐데 예시 글만 보면 상당히 아쉬울 수밖에 없습니다.

메인 키워드를 7번 쓰라는 것도 메인 키워드가 너무 많이 남발되면 글의 흐름을 방해하고 매끄럽게 읽히지 않아 가독성이 떨어질 수 있습니다. 그렇다고 메인 키워드를 너무 적게 넣는다면 글의 중심이 다른 쪽으로 흘러가 집중력이 떨어질 가능성도 있습니다. 따라서 메인 키워드 7번의 비밀은 적절하게 문단 내에 키워드를 배치하고 이를 중심으로 내가 경험한 것을 풀어가라는 의미이며 이것을 잘 수행했을 때 가독성 있는 글이 완성될 수 있습니다.

2) 가독성 높은 글쓰기

(1) 문어체 vs 구어체

문어체는 일상생활에서 사용되지 않고 문서에 한정돼 쓰이는 문체를 말합니다. 한문을 많이 쓰는 어투를 문어체라고 생각하는 분도 있지만 국립국어원은 '일상적인 대화에서 쓰는 말투가 아닌 글에서 주로 쓰는 말투에 해당하는 문체'라고 정의하고 있습니다. 반대로 구어

체는 '일상생활에서 실제 입으로 말하는 문장을 나타내는 문체'라고
규정하고 있습니다. 예를 들어 '것'의 구어체는 '거'가 있고, '해요'를
'합쇼'로 바꿀 수도 있습니다.

<구어체와 문어체 차이점(출처 : 나무위키)>

하지만 우리가 흔히 알고 있는 것처럼 특정 단어를 한문으로 줄여
쓰는 것보다 한문을 풀어서 말하듯이 표현하는 것이 좀 더 이해가 쉽
습니다. 예시로 든 문장을 보면 문어체에서는 '고향 사람'을 '향인'으
로 한자로 줄여 표기하거나 '얼른'을 '선뜻'으로 바꿔 조금은 딱딱하
고 어색한 느낌을 갖게 합니다.

그렇다면 블로그에 글을 쓸 때 어떤 문체를 사용하는 게 더 좋을까
요? 대부분 구어체로 이야기하듯이 글을 쓰면 블로그의 특성을 살리
면서 독자가 더 친근감을 가질 수 있습니다. 이는 누구라도 정보의
창작자가 될 수 있는 블로그의 특성상 구어체로 표현하는 것이 좀 더
자연스럽기 때문입니다.

(구어체)   (문어체)

초기 이유식 시작 시기, 쌀미음 식   초기 이유식 시작 시기, 쌀미음 식
단표 공유해요   단표 공유해요

© arobi, 출처 Unsplash   © gabriellefaithhenderson, 출처 Unsplash

초기 이유식 시작 시기는 아기의 상태에 따라 달라질 수   초기 이유식 시작 시기는 섭취 대상의 상태에 따라 변동
있어요. 만약 소화를 잘 시키고 먹는 것을 좋아하는 아기   될 수 있습니다. 소화력의 차이, 음식에 대한 욕구가 높
라면 조금 빨리 시작할 수 있고 그게 아니라면 보통 6개   은 아기라면 그 시기를 조율할 수 있으며 보통 6개월을
월을 기준으로 많이 시작한다고 해요.   기준점으로 봅니다.

6개월(180일)이 초기 이유식 시작 시기 기준이 되는 것   6개월(180일)이 초기 이유식 시작 시기 기준이 되는 것
은 그 시기에 엄마에게서 받았던 면역항체가 점점 떨어   은 그 시기 모체로부터 전달받은 면역항체가 점차 감소
지면서 빈혈이 올 수 있기 때문에 소고기로 단백질을 보   되면서 빈혈을 야기할 수 있기 때문에 소고기로 단백질
충시켜주기 때문이에요.   보충을 해줘야하기 때문입니다.

<구어체(왼쪽)와 문어체 사용한 포스팅 예시>

　　만약 육아 블로거가 초기 이유식에 대한 글을 썼을 때 그 글을 읽는
사람은 대부분 아기 엄마가 될 것입니다. 물론 전문가 느낌을 가질
수 있게끔 문어체로 쓰는 것도 신뢰도 향상에 도움이 될 수 있지만
이 글을 검색한 의도는 이미 이 시기를 지나온 선배의 경험에서 우러
난 정보를 얻고 싶다는 것으로 예측할 수 있습니다. 따라서 공감대를
얻는 것이 무엇보다 중요한데 딱딱하게 느껴지는 문어체를 사용하는
것보다는 좀 더 부드럽고 친근한 느낌의 구어체를 사용해 독자에게
공감대를 이끌어내는 것이 좋을 것입니다.

단, 여기서 중요한 것은 주제의 분야별 특징도 간과하지 말아야 한다는 점입니다. 비교적 전문적 지식을 요구하는 경제, 비지니스, 사회, 정치, 건강, 의학 분야라면 오히려 문어체를 통해 독자에게 전문적인 느낌을 줄 수 있기에 글의 신뢰도를 높이는 전략이 될 수 있습니다. 따라서 본인이 정한 주제, 타깃, 글의 소재 등에 따라 문어체와 구어체를 알맞게 사용하는 것이 블로그 운영에 도움이 됩니다.

(2) TMI를 경계하라

TMI란 'Too Much Information'의 약자로 너무 많은 정보, 굳이 알려주지 않아도 되는 정보를 뜻합니다. 블로그 글은 대부분 일상 경험을 토대로 한 주관적인 생각을 담은 경우가 많습니다. 즉, 쓰는 방식이나 쓰는 사람에 따라 어떻게 변화할지 모르는 유동성을 가진 글쓰기입니다.

이때 우리가 경계해야 하는 것이 바로 TMI입니다. 검색 사용자가 원하는 정보를 얻기 위해 키워드를 검색해서 내 블로그 글을 클릭하고 정보 탐색을 시작할 때 내가 알고 싶지 않은 너무 많은 정보가 여기저기 산재돼 있다면 어떻게 될까요? 아마 바로 뒤로 가기를 눌러 읽기 쉽거나 원하는 정보가 빠르게 한눈에 들어오는 글을 찾을 것입니다. 그래야 정보 만족도가 올라가기 때문입니다.

시달려도 미루고 미뤘던 것이 아마 치과방문이었던 것 같아요.

> 저는 어렸을 때 부정교합으로 교정치료를 받으려고 했는데 치과에 대한 공포로 끝까지 거부하여 아직도 부정교합으로 살고 있답니다. 그 당시에는 너무 비싸서 엄마가 큰 결심을 하면서 저에게 투자하시겠다고 한 건데 왜 거부했는지 과거의 나에게 물어보고 싶을 정도로 아쉽습니다. 지금도 미용에 대한 아쉬움이 남아 그때 잠깐 참고 교정을 했으면 미모가 조금 나아지지 않았을까 생각해 봅니다.

치과에 대한 일화는 여기서 끝이 아니고 성인이 되어서도 충치 치료를 받다가 너무 무서워서 중단하고 방치했던 적이 있었습니다. 그런데 결국 껌을 씹다가 치아가 부러져 결국 임플란트까지 하게 되어 지금은 수 많은 치료의 흔적을 지니고 있습니다. 이제는 이러한 어리석은 일은 하지 않겠다고 다짐한 뒤 예방하기 위한 습관을 정착시키려 노력하는 중이랍니다.

올바른 구강관리는 역시 구석구석 양치질을 깔끔하게 해주는 것이 시작이겠죠? 그래서 저는 평소에

<포스팅 내 과다한 정보를 담은 예시>

위 예시는 전동 칫솔을 리뷰하기 위한 글의 서론으로 평소 치아관리를 꼼꼼하게 하게 된 계기를 설명하는 글입니다. 박스 안에 있는 내용은 본인의 과거 경험이지만 주제와의 관련도가 떨어지는 것으로 너무 많은 필자의 주관적 정보를 제공하고 있습니다. 글이 길어지는 것은 물론 원하는 정보를 찾지 못했을 때 독자 이탈 가능성이 커지기 때문에 이렇게 포스팅 내 과다한 정보를 담는 것은 부적절합니다.

독자가 뒤로 가기를 누르는 순간 그 글의 가독성이나 양질의 여부와 상관없이 체류시간은 줄어들고 신뢰도 점수도 함께 하락합니다. 때문에 TMI를 더욱 경계하고 독자를 끝까지 붙잡고 있을 수 있도록 관련 정보는 필요한 것만, 한눈에 알아볼 수 있게끔 쓰는 스킬이 필요합니다.

(3) 글을 다이어트하자

글을 술술 읽게 만드는 방법은 핵심을 담되 지루하지 않게끔 하는 것입니다. 우리가 글을 쓰면서 흔히 하는 실수가 평소 내가 말하는 습관을 그대로 글로 옮겨 적는 것입니다. 이러면 글이 매끄럽지 못하고 문장 앞뒤가 맞지 않아 가독성이 떨어집니다.

특히 블로그 포스팅을 할 때 키워드를 염두에 두고 쓰다 보면 특정 단어가 반복되는 경우가 많습니다. 이때 독자는 지루함을 느끼고 임팩트 없이 길어지는 글에 피로감을 느낍니다. '카더라' 로직에서 다뤘던 내용처럼 메인 키워드는 7번만 쓰라는 것과 같은 맥락으로 자연스러운 흐름을 위해서는 특정 단어 반복이 너무 많으면 안됩니다. 따라서 같은 단어라면 최대한 같은 뜻으로 통용될 수 있는 비슷한 단어로 대체해 반복으로 생기는 지루함을 막아야 합니다.

또, 글을 쓸 때 주의해야 할 것이 과도한 접속사와 부사 사용을 피하는 것입니다. 접속사는 문장 가운데의 두 성분 또는 문장과 문장을 이어주는 말을 뜻합니다. 주로 '이처럼', '이같이', '뿐 아니라', '~까지', '~에서', '~를 위해서' 등이 해당됩니다.

부사는 관형사와 마찬가지로 문장에서 다른 품사를 꾸며주는 역할을 하는데 편하게 꾸밈말이라고 생각하면 됩니다. 문장을 돕는 역할을 하기 때문에 주로 '가장', '아주', '빨리', '과연', '잘', '매우', '바로', '이리', '그리', '못', '아니', '안', '제발', '아마', '결코', '그러나', '또는', '곧', '즉' 등이 해당됩니다.

끝내주는 오션뷰 통창에 광활하게 펼쳐진 수평선에서 서서히 지는 일몰을 볼 때의 그 감정은 편안함과 안락함과 벅찬 감동이었습니다.

특히 저희 남편이 애용했던 저 리클라이너의자는 집에 구비해두고 싶을 정도로 안락했습니다. 지인들은 소파에 앉아있는 우리 튼이의 사진을 보여주니 모두 인생 2회차가 아니냐며 어찌 저리 편안해하는지 놀라움을 금치 못했답니다.

저는 아기와 함께 여행을 계획했기 때문에 미리 호텔 측에 몇 가지 용품 대여를 요청했는데요. 젖병소독기, 침대 가드, 중탕기를 신청했고 입실 전에 미리 설치가 되어 있어서 이용하기 편했습니다.

아이를 데리고 움직이는 여행에서 이렇게 대여가 잘 되어 있어서 짐을 줄인 엄마는 깊은 감동을 받을 수밖에 없었습니다.

사실 쾌적한 수유 타임은 젖병 설거지 담당인 남편이 훨씬 더 좋아했습니다. 만약에 아기와 그랜드하야트제주드림타워 1박 2일 묵을 예정이시라면 이 부분 사전에 미리 요청하셔서 꼭 서비스 받으시면 저처럼 큰 도움 되실 겁니다.

총 510자

오션뷰 통창에 펼쳐진 수평선에서 일몰을 볼 때의 감정은 벅찬 감동이었습니다.

남편이 애용했던 리클라이너의자는 집에 두고 싶게 안락했습니다. 지인들은 튼이의 사진을 보여주니 모두 인생 2회차가 아니냐며 어찌 저리 편안해하는지 깜짝 놀랐답니다.

저는 아기와 함께 여행을 계획할 때 미리 호텔 측에 몇 가지 용품 대여를 요청했는데요. 젖병소독기, 침대 가드, 중탕기를 신청했고 입실 전에 설치가 되어 있어서 이용하기 편습니다.

아이와의 여행에서 이렇게 대여가 잘 되어 있어 짐을 줄인 엄마는 깊은 감동을 받았답니다.

사실 쾌적한 수유 타임은 젖병 설거지 담당인 남편이 더 좋아했습니다. 만약 아기와 그랜드하야트제주드림타워 1박 2일 묵을 예정이시라면 사전에 미리 요청하시면 저처럼 큰 도움 되실 겁니다.

총 405자

<지나친 부사, 접속사를 제거한 간결한 글쓰기 예시>

위 예시는 제가 모 호텔을 방문하고 작성한 후기성 리뷰입니다. 평소 정보성 글을 주로 쓰다 보니 리뷰성 글을 쓰는 것에 어려움을 느껴 좀 가볍게 쓰자는 취지에서 제가 느꼈던 감정을 생생하게 표현하려고 노력했습니다. 하지만 이러한 노력이 지나쳐 과한 접속사와 부사를 사용하면서 TMI 글이 되어버렸습니다.

당시에는 퇴고가 급해 바로 업로드했지만 책 집필 작업을 하면서 과한 접속사, 부사를 좀 덜어내면 어떨까 싶어 글 다이어트를 시도해 봤습니다. 그 결과 510자였던 글이 405자로 줄었는데 글의 내용과 흐름에는 변화가 없지만 간결한 문체가 되면서 오히려 가독성이 높아졌습니다.

굳이 문장을 길게 늘리려 노력하기보단 짧아도 핵심을 담는 글을 쓰는 것이 독자에게 더 읽기 쉬운 글이 될 수 있다는 점을 기억해야 합니다.

3) 독자를 흥미롭게 하는 글쓰기 팁

강의를 하면서 수강생 피드백을 줄 때 가장 중요하게 체크하는 것이 글이 지루하지 않고 끝까지 정독할 수 있는 힘이 있느냐는 것입니다. 검색 사용자는 상위 노출된 글을 보면서 본인 질문에 대한 해답을 기대하지만 만약 글이 지루하고 따분하게 느껴진다면 뒤로 가기 버튼을 눌러 다른 글을 찾으려고 할 것입니다.

블로거라면 왜 내 글이 지루하게 느껴지는지에 대한 원인과 해결 방법을 찾아야 합니다. 따분한 내 글을 비교적 간단한 팁만 적용해 생동감 있고 흥미진진하게 바꿀 수 있습니다. 지금부터 그 방법을 알려드립니다.

PC버전

모바일 버전

<전달 매체에 따라 달라지는 블로그 글 화면 비교>

먼저 블로그 통계를 보면서 내 블로그 유입이 주로 어떤 매체를 통해 이뤄지는지를 체크해 봅니다. 모바일과 PC는 각 매체에 따라 독자에게 보이는 화면 비율이 다릅니다.

만약 내가 PC에서 포스팅을 한다면 PC 화면 기준 비율에 익숙해져 검수하지 않고 바로 발행하는 경우가 생깁니다. 그렇다면 위 예시처럼 PC버전에서는 보기 좋은 글일지 모르지만 모바일 화면에서는 문단 나누기가 되지 않고 간격이 좁아 보는 사람이 답답함을 느낄 수 있습니다.

따라서 내 블로그 유입이 PC와 모바일 중 어떤 매체 비율이 더 높은지를 파악한 후 해당 매체 화면 비율을 중심으로 작성하는 습관을 들여야 합니다.

제인이 추천드리는 포토 스폿

그랜드하얏트제주드림타워 1박 2일 후기를 작성하면서 이웃님들께 제가 느꼈던 벅찬 감동을 제대로 전달해 드리려고 했는데 목적이 달성되었는지 모르겠네요.

그래서 마지막으로 이웃님들께 다시 한번 강조 드리고 싶은 포토 스폿 몇 군데 추천드리려고 합니다.

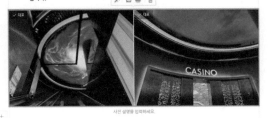

사진 설명을 입력하세요.

<PC 작성 시 검색 사용자가 보는 매체에 따른 비율 조정방법
(출처 : 네이버 블로그)>

매체에 따른 비율 조정은 에디터 오른쪽 하단 아이콘을 클릭하면 됩니다. 여기서 PC, 태블릿, 모바일 등 각각의 매체 특성에 최적화된 비율로 보이는 화면을 미리 보기로 확인할 수 있습니다.

다만, 블로그 통계에서는 태블릿으로 유입되는 비율을 알 수 없으니 모바일, PC 중에서 높은 유입률을 보여주는 매체를 선택하면 더 유리합니다.

원본

대제목, 문단나누기,
소제목 강조

강조문구,
사진, 동영상 추가

<다양한 장치를 활용해 다채로운 포스팅 하기>

독자를 끝까지 붙잡고 있기 위한 힘은 바로 그다음을 기대하게 하는 문장이나 눈을 즐겁게 해주는 다채로운 장치입니다. 사실 글자만 쭉 늘어놓은 글은 독자가 피로감을 느끼게 하는데 시각적으로 한 덩이로 뭉쳐 보이는 글을 읽고 싶어 하는 사람은 없을 겁니다.

그만큼 시각적으로 다양하게 보이게끔 하는 것도 중요한 글쓰기 스킬입니다. 가장 쉬운 단계는 대제목 나누기, 적절한 수준의 문단 나누기, 소제목 표시하기 등이 있습니다. 아무래도 제목을 나눌 때는 에디터 ONE의 인용구를 활용하는 게 가장 일반적이니 효율적으로 활용하는 것이 좋습니다.

　문단 나누기는 단락에서 말하고자 하는 글의 성격 혹은 목적에 따라 구분하는 것이 좋습니다. 글의 성격이 긍정을 표현하는지, 부정을 표현하는지에 따라 단락을 나누면 글의 지루함도 막을 뿐만 아니라 애매한 표현이 되는 것을 방지할 수 있습니다.

　2단계는 강조 문구 표시하기, 사진이나 동영상 추가하기 등이 있습니다. 블로그 포스트를 다채롭게 하기 위해서 가장 많이 활용하는 것이 바로 사진과 동영상을 추가 하는 것입니다. 관련 사진을 문단 앞 뒤에 배치해 그 사진을 중심으로 설명하듯이 글을 쓰면 창작자도 글쓰기 속도를 높일 수 있고 독자도 시각적으로 내용이 한눈에 들어오는 장점이 있습니다.

주린이 남편의 초보주식 투자일기(꾸준함 vs 호기심)

안녕하세요. 재테크하는제인입니다.
오랜만에 제인네 투자일기 좀 써보려고 합니다.

저희집 막둥 이야기 얼마 전에 썼는데 다들 좋아하시더라고요. 이번에는 그래서 최근에 있었던 막둥이에게 일어난 변화와 이슈에 대해서 좀 이야기 해드리려고 합니다.

얼마전 바짝 긴장을 하며 제에게 고백을 하더라고요.

> **"나 사고쳤어"**
> **"무슨일이야?"**
>
> **"자기한테 안물어보고 공모주에**
> **돈을 넣었어"** 라고 하더군요.

초보 주식투자인 주린이 남편을 이겠까지 제가 이거헌! 저거 넣어!라고 명령어 입력을 해주면 응직이면 사람인데 얼마전부터 본인이 스스로 투자운영을 해보겠다고 하길래 그러라고 한거든요.

비장한 모습으로 보이서, 스튼브릿지밴처스를 넣었다고 하더군요. 그래서 왜 선택한는지 물어봤어요. 초보 주식 투자장인 막둥이 대답은 역시나였어요.

> **"그냥 호기심에 해보고 싶어서, 증권사**
> **팝업창이 뜨길래 해봤어"**

<인용구와 대화체를 활용한 다채로운 포스팅 예시>

글의 관련성을 높이는 방법에서 언급했지만 블로그 글은 형식을 갖추는 것이 중요한데 바로 사진-글-사진-글-영상-글, 이렇게 중간에 사진과 영상을 넣어 독자에게 쉼을 주고 꼭 글자를 읽지 않아도 전반

적인 흐름을 이해할 수 있도록 도와주는 것입니다. 앞에서 말한 강조, 문단 나누기, 자료 삽입 등의 형태보다 글에 집중시킬 수 있는 스킬이 바로 대화체 활용입니다.

제 채널에서도 가끔씩 포스트에 대화체가 섞여 있는 것을 볼 수 있는데 이러한 양식을 활용하는 것은 주로 생생한 이야기를 전달하고 싶을 때입니다. 블로그 포스팅은 글자 크기 15포인트로 쭉 써내려 가는 형식이라 내가 기존에 가지고 있던 톤&매너를 유지하면서 나열하는 경우가 대부분입니다.

하지만 텍스트는 사진이나 영상매체에 비해 표현의 한계가 없는 대신 생동감이 떨어질 수밖에 없습니다. 따라서 이러한 현장을 독자가 상상하게끔 당시의 대화를 그대로 대화체로 표현하는 방법을 쓰면 내가 강조하고 싶은 내용의 현장감을 살릴 수 있습니다.

예를 들어 남편의 주식 투자에 대한 이야기를 포스팅했을 때 주제의 무거움이 살짝 느껴질 수 있어 독자가 편안하게 읽을 수 있게끔 남편과 저의 대화를 그대로 대화체 형식으로 삽입했습니다. 생초보인 남편의 투자 이야기를 좀 더 생동감 있고 재미있게 풀어가기 위해 '나 사고 쳤어'라는 글씨를 크게 강조해 독자의 눈길도 끌고 글에 대한 호기심도 유발할 수 있었습니다.

이처럼 글로만 이루어진다는 블로그 포스팅에 대한 편견은 다양한 장치와 자료 활용, 다채로운 표현으로 극복할 수 있습니다. 간단하지만 다양한 스킬을 적절히 배치한다면 텍스트라서 흥미롭지 않다는 생각은 할 수 없을 것입니다.

4) 반드시 기억해야 하는 글쓰기 습관

(1) 문장의 완벽한 형식을 의식하자

블로그 포스팅을 하다 보면 흔히 '의식의 흐름대로 쓰고 있다'라는 걸 체감하는 경우가 종종 있습니다. 양식이 따로 있는 것이 아니고 창작자 스타일대로 작성하는 것이기 때문에 자유롭지만 한편으로는 의식하지 않고 쓰다 내용이 산으로 가는 경우가 있습니다. 쉽게 말하자면 앞뒤가 안 맞는 문장이 나올 가능성이 높다는 것입니다. 예를 들어

> 제가 오늘 에어프라이어를 이용해서 10분이면 끝나는 간단한 디저트를 만들었습니다. 한국의 전통 다과인 약과를 응용한 것이라 외국인 손님을 대접하기에 아주 좋지만 튀기는 과정이 번거로워 어려움이 있었어요.

<글 목적에 부합하지 않는 좋지 않은 문장 예시>

'10분이면 끝나는 간단한 디저트' 레시피를 알려주는 목적으로 포스팅을 시작했는데 '튀기는 과정이 번거로워 어려움이 있었다'로 끝맺고 있어 본래 목적에 부합하지 않습니다. 글의 흐름을 좀 더 명확하게 한다면 '한국의 맛을 활용한 정갈한 디저트' 정도로 표현해 뒤의 내용과 좀 더 자연스럽게 연결할 수 있습니다.

또, '손님을 대접하기에 아주 좋지만 튀기는 과정이 번거로워 어려움이 있었다'라고 쓴 문장은 앞에는 긍정어를 쓰고 뒤에는 부정어를 써 문장의 성격을 확실히 나타낼 수 없습니다. 이때는 아예 긍정어에

서 끝맺음을 하고 그다음에 '하지만 ~하면서' 같이 부정어를 적어주는 것이 바람직합니다.

그리고 각 문장의 맺음말 어투가 '~했습니다'에서 '~했어요'로 달라진 경우라 글의 전반적인 느낌이 달라질 수 있으니 이 부분도 주의해야 합니다.

(2) 글을 쓰고 한 번 더 읽어 보자 : 탈고와 맞춤법

글을 쓰고 마지막 탈고 전에 한번 쭉 읽어보는 습관을 들이는 것이 좋습니다. 그래야 내가 독자 입장에서 글을 이해하고 잘못된 부분을 발견할 수 있습니다. 그만큼 탈고할 때 집중해서 내 글의 문제점이 무엇인지, 혹시 읽으면서 불편한 점은 없는지를 체크하는 것이 중요합니다.

맞춤법에 어긋나는 단어가 11개 있습니다. [모두 수정]   [취소] [✓ 완료]

초기 이유식 시작 시기는 섭취 대상의 상태에 따라 변동될 수 있습니다. 소화력의 차이, 음식에 대한 욕구가 높은 아기라면 그 시기를 조율할 수 있으며 보통 6개월을 기준점으로 봅니다.

6개월(180일)이 초기 이유식 시작 시기 기준이 되는 것은 그 시기 모체로부터 전달받은 면역항체가 점차 감소되면서 빈혈을 야기할 수 있기 때문에 소고기로 단백질 보충을 해줘야하기 때문입니다.

초기 이유식 시작 시기는 아기의 상태에 따라 달라질 수 있어요. 만약 소화를 잘 시키고 먹는 것을 좋아하는 아기라면 조금 빨리 시작할 수 있고 그게 아니라면 보통 6개월을 기준으로 많이 시작한다고 해요.

6개월(180일)이 > 6개월(180일) 이   1/11 [<] [>]

추천문구   6개월(180일) 이
교정 사유   띄어쓰기 오류입니다.

☐ 같은 단어 모두 적용 1   [제외] [수정]

<네이버 블로그 맞춤법 교정기 활용 화면(출처 : 네이버 블로그)>

또 발행하기 전 습관처럼 체크해야 하는 것이 맞춤법 교정입니다. 에디터 ONE 상단 바에서 'Aa맞춤법'을 클릭하면 총 몇 개의 단어가 맞춤법에 어긋나는지 자동으로 알려줍니다.

맞춤법 교정기를 반드시 활용해야 하는 이유는 인공지능이 데이터를 수집할 때 올바른 표현을 쓰는 양질의 문서인지를 판단하기 때문입니다. 또, 추천 문구, 교정 사유를 알려줘 수정할 것인지 그냥 둘 것인지 결정할 수 있습니다. 교정 사유가 정당할 때는 수정을 하는 것이 좋습니다. 사전을 기반으로 만들어진 기능이기 때문에 적극적으로 활용하면 좋습니다. 추천 문구가 없을 시에는 본인이 직접 작성할 수도 있습니다. 팁을 드리자면 가끔 인공지능도 틀린 표현을 추천하는 경우가 있기 때문에 한 번에 모두 수정을 누르지 말고 교정 사유를 꼼꼼히 체크하면서 수정하는 게 좋습니다.

(3) 불편함을 부르는 표현을 제거하자

글을 읽을 때 묘하게 불편하게 느껴지는 표현들이 있습니다. 내가 원하지 않은 정보에 노출되는 것도 불쾌하지만 글에서 느껴지는 분위기, 어투 등에서 독자가 불편함을 느낀다면 그 글은 좋은 글이 될 수 없습니다. 인공지능도 이러한 부분을 걸러내게 되어 있으므로 무의식중에 서술했던 부분은 제거하면서 글을 다듬는 것도 좋은 방법입니다.

① 불법, 성적인 표현
② 과도한 상업적 표현
③ 비속어, 욕설
④ 개인 정보

기본적으로 위 4가지는 포스트에 포함하지 않는 것이 좋습니다. 흔히 블로거가 협찬 글을 올리면서 실수하는 부분이 ②번인데 과도한 상업적 표현을 많이 쓰다 보면 글에 대한 신뢰도는 떨어지게 되어 있습니다. 예를 들어 카드, 보험 같은 상품을 홍보할 때 아무리 좋은 상품이라고 해도 '이번에 할인 이벤트가 대박이기 때문에 꼭 가입하셔야 해요'라고 표현하면 리뷰보다 판매를 위한 글로 인식되기 때문에 주의해야 합니다.

또, 무의식중에 띄어쓰기를 잘못해서 성적 표현으로 인식되는 경우도 있습니다. 예를 들어 '~해야한다', '~해야해요', '~해야하는' 이런 식의 표기는 띄어쓰기를 하지 않아 '~야한~', '~야해~', '~야하~'로 읽혀 '야하다'라는 표현으로 인식될 수 있으니 맞춤법 검사나 개별적인 검수를 필수로 하는 것이 도움이 됩니다.

휴대폰 번호, 주소, 계좌번호 등 개인정보는 당연히 기입하지 않는 것이 좋습니다. 본인 것이라 해도 불특정 다수에게 노출돼 개인정보보호법에 저촉될 수 있기 때문에 이미지로도 첨부하지 않는 것이 좋습니다. 물론 검색 누락의 위험이 있고 이 누락은 그만큼 포스트 품질이 좋지 않다는 것을 의미하기 때문에 저품질의 우려도 함께 가지고 있습니다.

결론만 이야기하자면 '네이버 약관을 지켜라'입니다. 네이버 약관에 나와 있는 내용을 꼼꼼히 체크하면 당연히 독자의 불편함을 야기하는 표현, 저품질 위험 표현 등은 피할 수 있습니다.

4. 포스팅도
기획이 필요하다

포스팅 할 때 제일 어려운 부분이 바로 '어떻게 해야 한번에 핵심을 전달할 수 있을까?'입니다. 제가 제일 고민하는 것도 이 점인데 경제 분야 특성상 고유한 전문 용어나 기본 개념이 어렵다고 느껴지기 때문에 일반인에게 편하게 노출시키기 어려운 점이 있었습니다. 그래서 제가 생각한 것이 바로 포스팅 기획이었습니다. 이 작업을 통해 체계적으로 핵심을 드러내면서 빠른 이해를 돕는 것이 목표였습니다.

물론 이것이 꼭 경제 분야에만 적용되는 것은 아닙니다. 전 분야에 걸쳐 통용돼야 하는 기본 원칙이라고 생각합니다. 두서없이 쓴 글을 양질의 글이라고 보기 어렵고, 품질이 저하된 글은 정보를 추출하는 과정이 길어져 검색 사용자가 불편해할 수 있습니다. 따라서 보기 좋으면서 핵심을 전달할 수 있는 힘을 가진 글을 만들기 위한 과정이 바로 포스팅 기획입니다.

1) 육하원칙과 삼단 구성을 기억하자

정돈된 글은 누구라도 편하게 볼 수 있다.

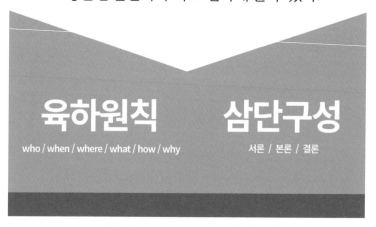

<정돈된 글을 만들기 위한 2가지 원칙>

글도 정리 정돈이 필요한 때가 있습니다. 불필요한 미사여구를 빼고 문장 다이어트를 했다면 이제는 문장을 체계적으로 분류하고 질서 있게 만드는 작업을 해야 합니다. 이때 머릿속에 2가지만 생각하면 1시간 걸릴 것이 반으로 줄어들게 되는데 그게 바로 육하원칙과 삼단 구성입니다.

육하원칙은 보통 기사 등 사실 기반의 글을 작성할 때 담겨야 할 여섯 가지 기본 요소를 뜻하는데 이를 지켜서 글을 쓰면 좀 더 정확하고 자세한 내용을 전할 수 있습니다. 누가, 언제, 어디에서, 무엇을, 어떻게, 왜, 이렇게 여섯 가지 요소를 지키면서 글을 쓰면 독자가 이해하기 쉬운 문장을 갖췄다고 볼 수 있습니다.

예시) 남편이 지난달부터 집에서 노후준비를 위해 주식 투자를 시작했다.	
누가(Who)	남편이
언제(When)	지난달부터
어디에서(Where)	집에서
무엇을(What)	주식 투자를
어떻게(How)	시작했다
왜(Why)	노후준비를 위해

<육하원칙을 활용한 문장 만들기>

누가(Who)	지난달부터 집에서 노후준비를 위해 주식 투자를 시작했다.
언제(When)	남편이 집에서 노후준비를 위해 주식 투자를 시작했다.
어디에서(Where)	남편이 지난달부터 노후준비를 위해 주식 투자를 시작했다.
무엇을(What)	남편이 지난달부터 집에서 노후준비를 위해 시작했다.
어떻게(How)	남편이 지난달부터 집에서 노후준비를 위해 주식 투자를 했다.
왜(Why)	남편이 지난달부터 집에서 주식 투자를 시작했다.

<육하원칙이 빠졌을 때 문장 예시>

육하원칙을 활용해서 문장을 작성하면 논리적인 글쓰기가 가능해 독자 입장에선 궁금증이 없는 문장이 됩니다. 이 방식은 문제 해결을

위한 계획을 구상할 때 쓰는 방법이기도 한데 질문에 대한 해답으로써 문장이 존재할 수 있기에 정확하면서 논리적으로 구성할 수 있는 것이 큰 장점입니다.

물론 육하원칙을 쓰지 않아도 문장이 말이 될 수 있는 경우도 있지만 중요한 키워드가 빠졌을 때 문장 구성력이 떨어져 독자가 말이 안 된다고 느끼기도 합니다. 따라서 해당 원칙에 대해 늘 상기하면서 글을 작성하는 것은 독자를 위해 친절하게 문장을 구성하는 것이므로 논리와 신뢰를 높이는 일이기도 합니다.

육하원칙과 함께 지켜야 할 두 번째 원칙은 삼단 구성입니다. 보통 서론-본론-결론으로 이어지는 글쓰기 방식으로 서론에서는 주제 논의를 위해 문제를 제기하고 본론에서는 이를 논증하는 내용을 기술하며 결론은 서론과 본론을 종합해 추론하는 형식입니다.

블로그 글도 이와 같은 삼단 구성법으로 작성하면 주제를 논리에 맞게 기획할 수 있어 쉽게 독자의 공감을 이끌어 낼 수 있습니다.

1. 서론, 인사말

2. 금투자 전개과정

   2-1 금투자에 대한 최근 이슈

   2-2 내가 금투자를 한 이유

3. 금투자 직접 실천 후기

   3-1 금매입 방법 비교

   3-2 투자자 정보 현황

   3-3 금투자 시 주의점

4. 결론, 맺음말

<삼단 구성에 따른 포스팅 기획안 예시>

재테크하는제인 채널에 올리는 포스트는 대부분 이러한 삼단 구성 법을 토대로 작성하고 있습니다. 예시를 보면 금 투자 방법과 금테크에 대한 생각을 정리한 글인데 본인이 직접 매수했던 경험을 중점적으로 서술했습니다. 이에 대해 서론에서 간단한 인사말과 함께 최근 동향을 분석하고 왜 금 투자를 하려고 하는지에 대한 이유를 다룹니다.

본론에서는 매입 방법에 대해 이론적인 부분과 실제 방법에 대해 서술하고, 투자자 정보 현황과 금 투자 시 주의할 점 또는 가장 합리적인 매입 방법을 다룬 후 결론에서 주관적인 생각, 매입 후 관리 계획 등을 서술하면 삼단 구성법이 완성됩니다.

경제 분야 특성상 리포트 같은 형식이 될 수 있기 때문에 삼단 구성을 할 때 주의해야 할 점은 본인이 직접 경험하고 느낀 부분을 언급하는 것이 독자의 공감을 받는 중요 포인트라는 것입니다.

상품리뷰에 대입한 삼단 구성법

1. 서론 : 내가 제품을 선택하게 된 이유 또는 최근 동향

2. 본론1 : 제품 설명
   2-1 언박싱 리뷰
   2-2 제품의 기능 제시(설명서 참조)
3. 본론2 : 직접 사용 후기
   3-1 어디서, 어떻게 사용했는지 스토리텔링
   3-2 타사 제품 비교 또는 제품의 장,단점
   3-3 나만이 알게된 제품에 대한 Tip

4. 결론(총 정리 또는 블로거의 의견)

<기승전결에 따른 포스팅 기획안 예시>

만약 이를 상품 리뷰에 대입하면 어떻게 될까요? 주로 서론에서 제품을 선택한 이유 또는 최근 동향을 언급하는 것이 자연스럽습니다. 본론에서는 제품의 기능적인 설명, 직접 사용한 후기로 나눌 수 있는데 내가 어디서, 어떻게 사용했는지, 스토리텔링을 통해 흥미를 이끌어 내야 합니다. 여기서 더 나아가 나만이 알게 된 제품 활용 방법 등을 서술하는 것도 독자 신뢰를 높이는 방법입니다. 마지막으로 결론에서는 총정리 또는 블로거 개인의 의견을 종합적으로 다뤄주면 주

제에서 벗어나지 않은 자연스러운 상품 리뷰가 될 수 있습니다.

2) 전략적인 키워드 배치로 성공하는 글쓰기

논리정연하게 글을 쓰는 것에 습관을 들였다면 지금부터는 전략적인 키워드 배치로 성공하는 글쓰기 방법에 대해서 이야기해 보겠습니다. 블로그 글쓰기를 하면서 놓칠 수 있는 부분이 바로 어떤 키워드를 노출시킬 것인지에 대한 전략입니다. 스토리텔링과 나의 경험적인 부분을 첨가하기 위해 서술하다 보면 내가 어떤 키워드를 노출시키고자 했는지 잊어버리는 경우가 종종 있습니다.

물론 메인 키워드는 잊지 않겠지만 서브 키워드는 수많은 경우의 수가 있어 본문에 언급되지 않으면 종종 SEO에 부합하지 않아 노출되지 않는 일이 생깁니다. 이를 방지하기 위해서는 블로그 포스팅을 시작할 때 키워드를 먼저 적어 놓고 키워드를 확인하면서 글을 작성하는 것이 좋습니다.

또한 키워드를 전략적으로 배치하는 것도 제목-본문-키워드 간의 상호 연관성을 높이는 방법 중 하나인데 예를 들어 설명해 보겠습니다.

제목 : 캡슐 세탁조 클리너 활용한 세탁기 통세척 사용법

메인키워드 : 세탁조 클리너 / 서브키워드 : 캡슐, 통세척, 사용법

```
┌─────────────────────────────────────────┐
│         세탁조 클리너를 쓰게 된 상황          │
└─────────────────────────────────────────┘

┌─────────────────────────────────────────┐
│           캡슐 세탁조 클리너 소개            │
└─────────────────────────────────────────┘

┌─────────────────────────────────────────┐
│         (캡슐) 세탁조 클리너 사용법          │
│        세탁조 클리너 통세척 실행 하기         │
│      세탁조 클리너 세탁기 통세척 체감 효과      │
└─────────────────────────────────────────┘

┌─────────────────────────────────────────┐
│     세탁조 클리너 사용법 소감, 향후 활용 계획    │
└─────────────────────────────────────────┘
```

<키워드 배치 전략 예시>

    메인 키워드는 '세탁조 클리너(A)'이며 서브 키워드는 '캡슐(B)', '통 세척(C)', '사용법(D)'이 있습니다. 이때 B+A, A+C, A+D의 조합을 가질 수 있는데 예시와 같이 글의 삼단 구성법인 서론-본론-결론으로 구성했을 때 총 메인 키워드는 6회, 서브 키워드 B+A는 2회, A+C는 직접 1회, 간접 1회 총 2회 들어갔으며 A+D는 본론 1회, 결론 1회에 배치될 수 있습니다.

    메인 키워드를 중심에 배치하면서 서브 키워드를 다채롭게 구성해

그에 대한 비중을 60% 이상 줌으로써 1개 글로 다중 키워드에서 상위 노출을 노릴 수 있습니다. 그러므로 제목에 들어간 서브 키워드까지 본문에 내용을 꼭 기재하고 키워드 배치는 전반적으로 펼쳐지듯이 골고루 문단에 들어가야 자연스러운 흐름을 유지할 수 있습니다.

Blog

5. 진정성 가진 스토리텔링을 가미한 리뷰 쓰기

1) 독자의 눈길을 끄는 사진 찍는 법

<매력적인 제품 리뷰 사진 1(출처 : '사계절 리빙하는 시샘달' 블로그)>

위 사진은 어떤 제품을 리뷰한 사진일까요?

정답은 베개입니다. 우리가 단순히 베개에 관한 리뷰를 한다면 어떤 사진을 먼저 떠올릴까요? 아마도 베게 속 재질을 보여 준다든지, 베개 탄성을 실험하기 위해 제품 시연을 하는 모습이 떠오를 것입니다. 물론 누구나 떠올릴 수 있는 대중적인 것을 선보이는 것도 나쁜 방법은 아닙니다. 하지만 우리는 다수의 블로그 중에서도 돋보일 수 있는 특별함을 가지는 것이 목표이기 때문에 발상의 전환이 필요합니다.

이 점에서 '사계절 리빙하는 시샘달'님의 베개 리뷰는 우리가 예측하지 못했던 감각적인 사진을 선보이면서 광고주와 독자 모두의 눈길을 사로 잡습니다. 그만큼 사진으로 보여주는 시각적인 효과가 매우 중요하고 텍스트를 기반으로 하는 블로그에서는 더욱 돋보일 수 있습니다.

물론 위 사진이 베개를 리뷰하는 것인지 책을 리뷰하는 것인지 정체성이 모호하다고 이야기하는 사람도 있을 것입니다. 단순히 한 장의 사진만으로 모든 것을 설명할 순 없습니다. 하지만 위 사진이 좋은 섬네일로 기능할 수 있는 것은 독자의 궁금증을 유발하기 때문입니다.

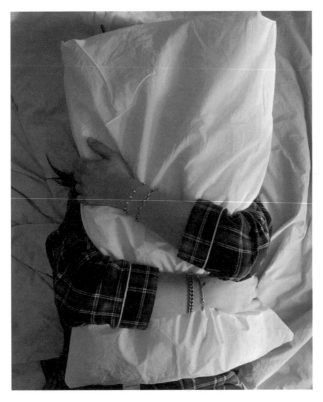

<매력적인 제품리뷰 사진 2(출처 : '사계절 리빙하는 시샘달' 블로그)>

초반에 강렬하게 호기심을 자극한 이미지에 이어 뒤에서 베개를 상징하는 이미지를 확인할 수 있게 배치하는 것도 글에 대한 집중력을 높이는 방법입니다. 궁금증을 불러일으키는 감각적인 사진을 초반에 보여준 뒤 본격적인 리뷰를 위한 상세 이미지로 시각적인 효과를 확대하는 것이기에 독자가 받아들이는 시각적 효과가 매우 큽니다.

이제는 단순히 물건을 확대하고 예쁘게 사진 찍는 것에 집중해서는 특별해질 수 없습니다. 세련된 연출과 내가 말하고자 하는 것을 관통하는 상징적인 이미지를 보여주는 것이 내 블로그를 특별하게 만들 수 있는 방법이니 앞으로도 이 점을 주목해야 합니다.

2) 오감적 요소를 묘사해 풍부하게 표현하기(시각, 청각, 촉각)

텍스트를 기반으로 하는 블로그는 자칫하면 단순하고 지루하게 느껴질 수 있습니다. 영상은 시청각을 기반으로 하기 때문에 보다 생동감 있게 전달할 수 있지만 글로 주된 정보를 제공하는 블로그는 영상만큼 현장감을 전달하기에는 한계가 있을 수 있습니다.

그랜드하얏트제주 수영장은 8층에 위치해 있습니다. 오전 7시부터 저녁 11시까지 상시 운영이기 때문에 체크아웃 하기 전에 이용해도 여유롭게 즐길 수 있습니다.

2개의 타워로 이루어진 거대한 건물의 뷰가 웅장하게 시선을 끌었는데 8층에서 올려다 본 뷰는 마치 마카오의 유명 호텔에 온 것 같이 압도적인 자본의 힘이 느껴지는 것 같았습니다.

끝내주는 오션뷰 통창에 광활하게 펼쳐진 수평선에 걸쳐진 태양이 서서히 지는 일몰을 볼 때의 그 감정은 벅찬 감동 그 자체였습니다.

일몰지는 모습은 꼭 태양을 커다란 이불에 쑥 넣어서 따뜻하게 감싸주는 것 같다는 생각이 들었습니다.

<오감적 요소를 활용한 표현 예시>

이러한 단점을 극복하기 위해서는 텍스트만의 장점을 살릴 수 있도록 오감적 요소를 활용해 좀 더 상상력을 자극할 수 있는 풍부한 표현을 하는 것이 무엇보다 중요합니다. 차별화된 스토리텔링을 위해서는 단순한 묘사보다는 다양한 시각, 청각, 촉각적 표현을 '마치 ~처럼', '~와 같이', '~마냥'이라는 비유를 쓰는 것도 나쁘지 않습니다.

3) 글을 읽는 독자(타깃)와의 공통된 연결고리 만들기

제가 생각하는 블로그의 정체성은 '공감'입니다. 본인의 일상을 기록하고 그 기록을 통해 서로 소통하는 구조의 블로그는 말 그대로 개개인의 생활방식을 '공감'으로 연결해 놨기 때문에 이해와 존중을 함께 받을 수 있는 것입니다.

타깃을 명확하게 설정하고 이를 겨냥한 글을 생산해 내는 것도 이와 같은 맥락이라고 볼 수 있습니다. 명확한 대상에게 마음속 울림을 줄 수 있는 글을 만들어 내고, 이를 기반으로 공감의 연결고리를 만들면 자연스럽게 소통하는 것이 일상이 될 것입니다. 이것이야말로 온라인 소통 창구가 되는 블로그의 목적을 달성하는 것으로 볼 수 있습니다.

최근 들어 스토리텔링에 대한 중요성이 높아지고 있는 것은 상품의 특성을 이해하고 이 특성을 일상생활에 어울리게끔 이야기를 만들어내는 마케팅 방법을 소비자가 선호하기 때문입니다. 블로거 입장에서 사용했지만 누구나 당장 쓸 수 있고 평가할 수 있는 위치에 있다는 것을 강조하며 글을 쓴다면 독자와 정서적 공감이 생길 수 있습니다.

4) 대가성 글이라도 진짜 정보를 담자

블로그 수익화를 진행하면 제일 어려운 게 독자와 광고주 모두를 만족시키는 글쓰기를 해야 한다는 점입니다. 아무래도 경제적 대가를 받고 글을 쓰다 보면 좀 더 광고주가 만족할 만한 홍보 효과를 주는 방향으로 글을 작성할 수밖에 없습니다. 하지만 이런 글쓰기를 지속하면 구독자를 잃을 수 있습니다.

(1) 독자가 원하는 찐 정보를 연결하자

글의 균형을 맞추기 위해서는 독자가 원하는 진짜 정보를 쓰면서 광고주가 요청하는 내용도 함께 써주는 것이 좋습니다. 예를 들어 '아기 로션' 리뷰를 한다면 이 로션을 필요로 하는 사람이 누가 있을까 생각해 보고 검색 사용자 입장에서 필요한 진짜 정보를 함께 구성해야 합니다.

> 메인 키워드 – 아기 로션
> 타깃 – 20~30대 아기 엄마
> 유추하는 질문 – 아기 로션을 필요로 하는 이유 > 보습이 필요한 아기 피부질환 > 가려움증 개선 > 아토피와 보습의 상관관계
> 스토리텔링 콘셉트 – 0개월 아이를 키우고 있는 아기 엄마(또는 조카, 친구 아기 선물) 아토피로 고생하고 있는 아이의 보습을 위해 구매한 리뷰 > 아토피가 생기는 이유(알레르기, 피부질환) > 피부 보습을 위한 생활 정보(온습도 조절, 보습 유지) > 보습을 위한 도구(협찬품 로션) 실사용 리뷰 > 정보+리뷰 총정리, 개인적 의견 제시

<대가성 리뷰의 독자 호응을 얻기 위한 스토리텔링 아이디어 도출 단계>

스토리텔링 콘셉트를 완성하기 위한 아이디어 도출 단계를 보면 메인 키워드에 따른 주 타깃의 검색 질문 해답에 대한 진짜 정보를 내포하면서 본인이 광고하고자 하는 제품의 실사용 리뷰와 연관 지어 서술하는 것이 글의 타당성을 높이는 데 도움이 될 수 있습니다.

이때 주의해야 할 점이 대가성 리뷰이기 때문에 독자가 광고에 대

한 거부감이 들지 않도록 본인의 진짜 소감도 포함해야 한다는 것입니다. 즉, 너무 과한 칭찬보다는 직접 써보고 좋았던 점과 불편했던 점을 적절히 균형 있게 써줘야 합니다.

(2) 단점도 적절히 써보자

지나친 찬양 일색 칭찬 글은 오히려 독자가 이게 광고라는 것을 다시 한번 인식하는 계기가 됩니다. 때문에 협찬은 받았지만 솔직하게 쓴 글이라는 것을 보여주는 것이 매우 중요합니다. 이는 단점을 적절하게 언급해 주는 것으로 해결할 수 있는데 광고주 입장에서는 이 점을 싫어할 수도 있으니 완곡한 표현으로 작성하는 연습을 해야 합니다.

예를 들어 '아기 로션의 제형이 너무 묽어 보습력이 약하다'라는 단점을 표현하고 싶다면 '제형이 묽어 보습력이 약하다고 느끼는 분도 있겠지만 끈적이는 느낌을 싫어하는 저는 오히려 빠르게 스며들고 뽀송하게 마무리돼 만족스러웠어요'라고, 단점을 장점으로 받아들일 수 있는 다른 경우를 소개하는 것도 단점을 에둘러 표현하는 좋은 방법 중 하나입니다.

CHAPTER 6.

고급 코스(연봉 1억 만들기)
: 탄탄한 브랜딩으로
상위 1% 블로거 되는 방법

1. 본업과 연결하는
실전 블로그 마케팅

블로그 마케팅 고급 코스의 포인트는 '브랜딩'입니다. 이제는 상위 노출에 굳이 신경 쓰지 않아도 내 블로그가 곧 브랜드가 되는 것이 목표인 단계입니다. 이때는 검색어에 노출되는 것을 우선하는 것이 아니라 내 구독자들의 눈높이를 충족하는 전문화된 글로 본격적으로 내 커리어에 도움이 되는 수익화 루트를 완성해야 합니다.

블로그 마케팅의 완성은 본업과의 연결입니다. 블로그를 광고하기 위한 하나의 전광판이라 생각한다면 어떤 것을 홍보해야 할까요? 바로 본업을 가장 우선해야 할 것입니다.

부업으로써 추가 수익을 얻기 위해 운영하는 것도 좋지만 본업의 사업 확장, 고객 확보, 홍보 비용 절감을 위해 블로그를 활용하는 방법을 추천합니다. 특히 서비스업 또는 샘플을 보여줄 수 있는 직종은

지역을 한정 짓지 않아도 인터넷으로 고객을 모집할 수 있습니다.

예를 들어 중고차 판매를 하는 사람이라면 오프라인에서 홍보를 할 수도 있지만 블로그에서도 판매하고자 하는 차량 정보를 포스팅할 수 있습니다. 또, 판매에 그치지 않고 중고차 구입 시 알아야 하는 체크리스트, 차량 관리 같은 정보성 리뷰도 곁들인다면 지역에 한정되지 않고 고객을 확보할 수 있습니다.

이 외에도 인테리어(리모델링) 분야도 사진으로 성과를 샘플링해 보여주기 때문에 과거에 직접 매장을 방문해서 카탈로그로 보던 것을 장소와 상관없이 PC와 모바일로 볼 수 있습니다. 저도 예전에 이사 준비를 하는데 도저히 매장을 가볼 시간이 되지 않아 지역명+커튼을 검색해서 마음에 드는 것을 전화로 주문했던 경험이 있습니다.

우리는 이제 직접 대면하지 않아도 사진, 영상 등의 자료를 토대로 검증된 양질의 서비스를 제공하는 업체라면 믿고 거래할 준비가 되어 있습니다. 핵심은 블로그에 내 본업에 대한 포트폴리오를 성실하게 누적하는 것입니다.

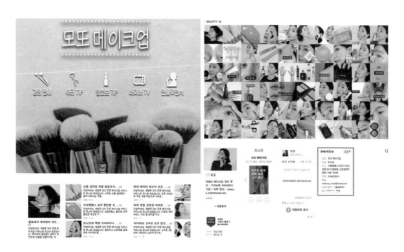

<본업과 연계한 블로그 마케팅 예시(출처 : 모또 메이크업 블로그)>

    네이버 뷰티 인플루언서이자 뷰스타인 '모또 메이크업 블로그'의 운영자 모또님은 본래 메이크업 강의를 전문으로 하는 강사였습니다. 혼자서 모든 것을 다 수행해야 하는 1인 기업의 장점을 최대한 살리면서 온라인 마케팅을 하기 위해 블로그로 시작했습니다. 처음부터 브랜딩과 소비자와의 공감에 초점을 맞추고 운영해 아예 협찬도 받지 않고 소비자 입장에서 반감이 들지 않는 순수한 뷰티 정보 전달에 집중했습니다.

<본업과 연계한 블로그 마케팅 예시(출처 : 모또 메이크업 블로그)>

모또님의 운영 전략은 '당신의 고민을 해결하기 위해 함께 노력해 봐요'라는 소비자와의 따뜻한 공감대 형성이었습니다. 대가성 리뷰를 하지 않은 리얼한 메이크업 스킬을 전수하는 블로거 콘셉트로 초보자 눈높이에 맞춰 설명하는 것도 이와 같은 맥락의 운영 전략이라고 볼 수 있습니다.

무엇보다 블로그를 통해 클래스에 대한 홍보를 대대적으로 하지 않고, 후기 글도 독려하지 않았습니다. 그 이유도 상업성을 드러내는 기존의 온라인 마케팅과는 반대로 소비자 입장을 헤아리고 마음을 움직일 수 있는 공감을 이끌어내기 위함이었습니다. 운영하는 매장에 대한 내용이 크게 없음에도 불구하고 소비자가 매장을 찾아온 건 글을 읽으면서 지금의 고민을 더 적극적으로 해결하고 싶다는 생각이 들었기 때문입니다. 이렇게 해야 비로소 본업의 클래스로 연결돼 시너지 효과가 날 수 있습니다.

또, 규모가 큰 회사가 아닌 1인 기업이라는 이미지는 소비자의 문제에 대해 더욱 깊게 고민한다는 신뢰를 줘 블로거(사업주)와 소비자의 관계가 더 밀착될 수밖에 없습니다.

위 모또 메이크업 블로그의 예시만 보더라도 포스팅에만 매달린다고 수익화가 완벽하게 이루어진다고 할 수 없습니다. 결국 내가 블로그를 어떠한 홍보 수단으로 운영하고, 이를 통해 소비자와의 거리를 더 가깝게 만들어 본업의 매출에도 긍정적인 영향을 줄 수 있는지가 블로그 브랜딩의 핵심입니다.

2. 나만의 브랜딩 전략 수립하기

1) 내 블로그 콘셉트 정하기

일반적으로 브랜딩이라 하면 굉장히 어렵게 느껴지고 나의 어떤 점을 중점적으로 브랜딩 할 것인지 고민에 빠지는 경우가 많습니다. 브랜딩은 곧 '나'를 세상에 드러내는 것이고 내가 하는 모든 행동, 어투, 라이프 스타일이 브랜딩 도구로 사용될 수 있습니다.

Branding

POINT 1
@재테크하는제인 통일
Name Value 상승
대표하는 키워드

POINT 2
2030세대
주부재테크
어려운 경제 기본부터 쉽게
알려주는 친근한 이미지

POINT 3
인플루언서 1년간 1위고수
상징적 의미
나를 드러내는 시각적 효과 가중
(썸네일, 홈피형 블로그 등)

<재테크하는제인 브랜딩 포인트>

재테크하는제인 채널을 성장시키기 위한 브랜딩 포인트는 총 3가지였습니다. 먼저 인플루언서로 발탁되면서 모든 채널의 이름을 통일했습니다. 처음 제 블로그명은 '제인's 요모조모'였는데 이것으로는 노출이 많아져도 방문자가 확실하게 각인할 수 있는 임팩트가 부족하다고 판단했습니다. 채널명을 통일해 대표하는 키워드로 각인하고자 했습니다.

두 번째는 타깃을 명확하게 하고 공감받을 수 있는 스토리 콘셉트를 만들었습니다. 그 당시 블로그에 유입되는 방문자 대부분이 2030세대였고 재테크 바람이 불 때라 투자, 목돈 만들기, 자산관리 등에 대한 관심도가 매우 높았습니다. 재테크 분야에서는 기초지식을 알려주기보다 전문성을 강조하는 블로그가 많았기에 저는 어려운 경제를 기본부터 쉽게 알려주는 친근한 '주부 재테크' 콘셉트로 접근하기로 했습니다.

경제에 대한 학위도 없고 초보임에도 불구하고 열심히 공부해서 자산을 불려 나가는 모습을 꾸준히 알려 나간 것이 오히려 타깃의 열렬한 반응을 이끌었고 '재테크하는제인이 한다면 나도 할 수 있다'라는 동기부여를 줄 수 있었습니다.

세 번째는 네이버 경제·비지니스 인플루언서 1위를 1년간 고수한 상징적인 의미를 활용했습니다. 홍보에 큰 도움이 되었으며 꼭 전문적이지 않아도 공감을 통해 함께 성장한다는 이미지도 챙길 수 있었습니다. 이때 저를 드러낼 수 있는 시각적인 자료를 만들어 섬네일만 봐도 '재테크하는제인'의 글이라는 것을 인식할 수 있도록 이미지메이킹에 무게를 두었습니다.

브랜딩은 어렵게 생각할 수 있지만 이 작업도 타인에게 '나'를 드러내는 것이므로 공감과 동경할 수 있는 장점을 시각적으로 인지할 수 있게 하는 것이 매우 중요합니다. 글로써 승부해야 하는 블로그가 특별해지려면 내가 가진 매력을 어떻게 보여줄까부터 고민해야 합니다.

2) 나만의 상징성 만들기 (스타일, 캐릭터, 톤&매너 전략)

'나'를 상징할 수 있는 도구를 만드는 것은 어렵지 않습니다. 단계별로 생각하면 1단계는 블로그 주제와 연관돼야 합니다. 어떤 주제의 글을 쓰는지를 항상 인식하는 것은 매우 중요한 일인데 이것을 인지해야 내 블로그를 찾는 검색 사용자의 입장에서 생각할 수 있습니다.

예를 들어 분야가 여행인데 뜬금없이 딱딱한 컴퓨터 화면을 대표 이미지로 설정한다면 주제의 분위기와 맞지 않아 보입니다. 육아라면 귀여운 아기가 웃는 모습, 푸드라면 맛있는 음식 사진, 여행이라면 멋진 풍경 등 그 분야를 생각하면 자연스럽게 연상되는 이미지를 활용해 특유의 분위기를 조성해야 합니다.

홈페이지형 블로그 디자인

대표이미지, 로고

<재테크하는제인을 상징하는 도구 ‐ 대표 이미지와 로고>

2단계는 전파력을 생각해야 합니다. '나를 상징하는 도구를 만들어서 누구에게 얼마나 전파할 수 있을까?'라는 생각을 전략적으로 분석해 봐야 합니다. 만약 나의 로고를 불특정 다수 사람들에게 노출하고

자 한다면, 이걸 어디에 활용할 수 있을지를 고민하기에 앞서 얼마나 전파될 수 있는지부터 생각해야 한다는 것입니다.

예를 들어 로고를 만들었는데 이것을 블로그 포스팅 하단에 매번 첨부하면 1차원적인 활용이 됩니다. 전파력을 끌어올려 많은 이에게 각인시키기 위해서는 포스트 내 이미지, 섬네일, 닉네임 이미지, 강의 자료, 인터뷰 자료, 타 채널 소개란 등 이떠한 곳에서든 무조건 이 로고를 사용해야 합니다. 그래서 로고만 봐도 '재테크하는제인이 쓴 글이구나'라고 자연스럽게 떠올릴 수 있게 해야 합니다.

3) 내 콘텐츠 시리즈화 시키기

하나의 주제를 가지고 콘텐츠를 시리즈물로 생산해 내는 것은 고도화된 브랜딩 전략입니다. 전문성을 확보하는 것은 물론이고 한 가지 주제를 두고 다양한 시각으로 블로거의 주관적인 생각을 보여줄 수 있기 때문입니다.

강의를 하다 보면 시리즈로 만드는 것을 어렵다고 하는 분이 종종 있습니다. 한 가지 주제로 다양한 시각을 제시하는 것 자체가 한계가 있다고 생각하기 때문입니다.

<블로그 운영을 주제로 제작한 콘텐츠 시리즈 예시>

　제가 집중적으로 시리즈로 제작하는 콘텐츠는 물론 블로그 운영과 수익화 분야입니다. 사람들이 가장 관심을 가지는 분야기도 하지만 제가 직접 운영하면서 느낀 점, 블로그로 실험하는 글쓰기 기술 등의 다양한 이야기를 경험적 근거를 가지고 쓸 수 있기 때문입니다.

　시리즈가 어렵다고 생각하는 것은 소재에 대한 한계를 먼저 떠올리기 때문입니다. 하지만 이것도 아이디어 도출 단계를 꾸준히 연습

한다면 어렵지 않게 연재할 수 있습니다.

<시리즈 연재를 위한 아이디어 도출하는 법>

하나의 주제를 가지고 시리즈를 연재하는 것은 과연 내가 그 주제를 가지고 '독자에게 어떠한 정보를 줄 수 있는가'에 초점을 맞춰야 합니다. 내가 알고 있는 게 무엇인지, 또 독자가 궁금해하는 것은 무

엇인지를 유추해야 시리즈의 콘셉트를 명료하게 잡을 수 있습니다. 예를 들어 블로그에 대해서 시리즈 연재를 한다면

> 블로그 글쓰기 기법 > 초기 블로그 생성하는 사람, 운영하는 사람, 관심 있는 사람
>
> 수익 인증 > 블로그를 어느 정도 운영하고 수익을 내고 싶어 하는 사람
>
> 수익 활용 > 부수입, 재테크에 관심 있는 사람
>
> 브랜딩 > 다년간 블로그를 운영하고 본업 활용 혹은 전업으로 전환하고 싶은 사람
>
> 인플루언서 > 고수익을 원하는 사람, 전문성과 영향력을 검증받고 싶은 사람
>
> 체험단, 협찬 > 블로그 수익화를 시작하고 싶은 사람

각각의 타깃이 어떠한 글을 원하는지 또는 반대로 주제를 정하고 어떤 타깃을 목표로 글을 서술할 것인지를 연상하고 타깃에 맞는 글을 쓰면 공통의 관심사인 블로그를 소재로 다양한 글을 완성할 수 있습니다.

3. 네이버 인플루언서 상위 1% 도약을 위한 디테일

나를 알리자

예전부터 파워 블로거라고 하면 블로그를 통해 불특정 다수에게 영향력을 끼칠 수 있는 사람을 뜻했습니다. 물론 이제는 공식적으로 네이버에서 파워 블로거라는 명칭을 부여하진 않지만 아직도 일반인에게 파급력 있는 인플루언서라는 의미로 통용되고 있습니다.

그렇다면 파급력 있는 사람이 되기 위해서 어떠한 일을 해야 할까요? 바로 블로거인 '나'를 알리는 일에 집중해야 합니다.

내가 어떠한 생각을 갖고 어떤 글을 쓰는 블로거인지 다수의 사람들에게 알리고 이 생각에 동의하는 사람의 공감을 살 수 있어야 합니다.

<이달의 블로그, 네이버 인물 검색 활용한 블로그 운영 전략
(출처 : 네이버 검색) >

내가 블로거라면 네이버가 인정하는 공식 지위를 획득하는 것이 파급력을 높이는 일 중 하나입니다. 말 그대로 네이버가 검증하고 인정한 블로그라는 이미지를 가지는 것인데 그 예로 매달 특정 분야의 우수 블로거를 선발하는 '이달의 블로그'로 선정되는 것입니다.

이달의 블로그는 매월 몇 개의 주제를 정하고 그 주제에 제일 잘 맞는 대표 블로거를 추천받아 선정합니다. 예전 파워 블로거로 불리던 것이 이달의 블로그로 변경됐다고 보면 됩니다. 즉, '이 블로그는 ○○분야에서 네이버가 인정하는 블로그이므로 안심하고 글을 읽어도 됩니다'라는 것이므로 일단 선정되면 큰 가치로 평가받을 수 있습니다.

네이버 인물 검색은 '네이버 인물정보 본인 참여' 서비스에서 쉽고 간편하게 등록할 수 있습니다. 인물정보 등재 기준이 따로 있기 때문에 내가 해당되는 사항을 확인하고 등록하면 됩니다.

온라인, 오프라인 강의   매거진 인터뷰

<파급력을 높이기 위한 블로그 전략 - 다양한 외부 활동>

　무엇보다도 나를 알리기 위해서는 외부 활동이 중요합니다. 블로그에 글을 연재하는 것에만 집중하는 것보다 외부 활동을 겸했을 때 좀 더 많은 사람에게 내 채널이 노출될 수 있습니다. 특히 검색 랭킹 상위 노출로 유입되는 방문자가 아니라 분명한 목적을 갖고 만나는 사람들이기 때문에 오히려 소통이 활발하게 진행될 수 있습니다.

　저 같은 경우에도 온라인, 오프라인 강의를 진행 중이며 매거진 인터뷰, 서포터즈, 멘토, 전문가 필진 활동 등을 통해 다양한 대상에게 재테크하는제인을 홍보할 수 있었습니다. 꼭 블로그 수익화라고 해서 돈을 많이 주는 일을 우선적으로 한다면 발전에 한계가 있을 겁니다. 수익화의 가장 마지막 단계인 고급 과정에서는 채널 자체의 힘을 기르고 '1인 기업' 마케팅 수단으로 블로그가 운영돼야 한다고 생각합니다.

　그러기 위해서는 본인의 영향력을 기를 수 있는 외부 활동을 다양하게 경험하는 것이 무엇보다도 중요합니다. 제가 추천하는 방법 중

하나는 네이버에서 모집하는 일에는 무조건 적극적으로 참여해 공식 인증을 받는 것입니다. 만약 내 블로그의 힘이 아직 약하다고 생각되면 지자체에서 운영하는 지역 홍보 서포터즈에 도전해 보는 것도 좋습니다.

나를 알리는 행동은 다수의 사람에게 내가 하고 있는 블로그 활동을 알리고 그들에게 나의 구독자가 되어 달라고 요청하는 것과 마찬가지입니다. 기초부터 탄탄하게 블로그를 운영했다면 좀 더 많은 노출로 블로그에 대한 가치를 증명하는 작업을 해야 합니다. 물론 이에 대한 성과는 내 글을 읽어주는 사람이 내리는 평가와 같습니다.

본인의 일상을 일기처럼 적는 블로그가 아니라 사람들의 마음을 읽고 공감을 부르는 글을 쓰는 블로그라면 자연스럽게 사람들이 찾아오고 광고주는 이러한 블로그의 가치를 광고비로 산정해 줄 것입니다. 브랜딩은 방문자 수로만 판단하지 않지만 수익화에서 중요한 것은 그만큼 다수의 소비자를 이끌어갈 수 있는 힘이 있는 블로그라고 평가받는 것입니다.

인플루언서 상위 1%는 내가 만드는 것이 아니라 많은 이에게 계속 회자되고 널리 퍼지면서 가치를 인정받아야만 가능하다는 것을 명심해야 합니다.

4. 나의 가치를 높이는 협상의 기술

앞서 협찬에 대해 이야기할 때 광고주가 나에게 기회를 주는 것만 기다리는 것이 아니라 오히려 나의 가치를 먼저 드러내는 것도 좋은 방법이라고 얘기했습니다. 내가 쓰는 글이 얼마나 큰 파급효과를 불러올 수 있고 이로 인해 발생되는 홍보 효과에 대해서 광고주에게 어필해 보는 것입니다.

그래서 제가 했던 여러 가지 협업 유형 중에서도 비용, 제품 협찬을 좀 더 유리하게 받기 위해 진행했던 협상 내용을 예시로 들어 보겠습니다.

1) 기업에 먼저 제안했던 협찬 의뢰 메일

OO 마케팅 담당자 귀하 (혹은 귀중)

안녕하십니까?
저는 네이버 경제 인플루언서 '재테크하는제인'이라고 합니다.
이렇게 메일을 드린 이유는 귀사의 온라인 마케팅 홍보를 재테크하는제인 채널을 통해 효과적으로 도움을 드릴 수 있을 것이라는 생각에 제안을 드리고자 하는 것입니다.

현재 네이버 인플루언서 경제·비즈니스 분야 상위 0.1%이면서 하루 3만 명이 방문하는 블로그를 운영 중입니다. 누적 방문자 수는 3천만 명이 넘고 구독자는 6.1만명으로 많은 사람에게 영향력을 줄 수 있는 포스팅을 발행하며 신뢰를 받고 있습니다.

귀사의 OO제품은 2030세대에게 꼭 필요한 생활 필수품이면서 최근 가성비를 따지는 알뜰한 청장년들의 수요가 제 채널 이미지와 부합한다고 판단한 바에 의해 이렇게 제안을 드립니다.

<광고 활용 방법 및 기대효과>
1. 블로그 1차 포스팅 : 6.1만 명의 구독자에게 포스팅 노출 가능하며 검색 상위에 노출할 수 있는 확률이 높기에 키워드 검색량에 준하여 잠재적 구독자가 발생할 것으로 기대됨
2. 다채널 활용 : 재테크하는제인이 운영하는 인스타, 밴드, 포스트에 블로그 포스팅의 2차 활용이 가능하므로 파급 효과 부스터 역할을 할 수 있음.
3. 카페 타깃 포스팅 : 2030세대가 자주 이용하는 온라인 커뮤니티(카페)에 후기성 포스팅을 게시한 후 생동감 있는 리뷰를 전달해 구매 촉진

<유사 포스팅 이력>
1. A사 B제품 언박싱 리뷰
2. C사 D제품을 활용한 생활 레시피
3. E사 F제품 vs G사 H제품 실제 사용 후기 비교

위 제안은 귀사의 사정에 따라 언제든지 조정 가능하며 원하는 타깃과 제품 용도에 따라 달라질 수 있음을 말씀드리며 귀사와 좋은 협업 기회가 될 수 있기를

희망합니다.

회신 가능 연락처 : 010-1234-5678 / alswl09100@naver.com
블로그 주소 : https://blog.naver.com/alswl09100

네이버 인플루언서 재테크하는제인 김민지 올림

<기업 제안형 협찬 의뢰서 예시>

대체적으로 내용의 흐름을 보면

1) 자기소개
2) 제안을 하게 된 배경
3) 명확하게 협찬받고자 하는 상품 및 서비스 제안
4) 내가 할 수 있는 광고 활용 방법과 기대효과
5) 과거 진행했던 이력 또는 유사 포스팅
6) 맺음말(회신 가능한 연락처 또는 이메일)

간단하지만 명확하게 내가 원하는 제품을 어디에 홍보할 것이며 이로 인해 광고주가 얻게 되는 홍보 효과를 제시해야 협찬에 대한 긍정적인 답변을 얻을 수 있습니다. 물론 이 방법은 차후에 나오게 될 협상 기술과도 연결되는 부분인데 내 채널 홍보 효과가 어느 정도 되는지 파악하고 있어야 하며 이를 통해 광고주가 얻을 이익에 대해서도 지표로 제시할 수 있다면 성사될 가능성이 높습니다.

2) 대행사, 기업에서 제안 온 원고료에 대한 조정 협상

안녕하세요,
■전자 디지털 홍보 담당하고 있는 ▨▨▨▨▨입니다.

■전자 공기청정팬 관련해 리뷰 콘텐츠 포스팅 문의드립니다.
하기 내용 검토 후 **진행 가능 여부, 비용, 일정, 연락처** 회신 주시면 감사하겠습니다.

> 1. 진행 일정 : 12월 중 게재(*상세 일정 추후 안내)
> 2. 리뷰 제품 : ▨▨▨▨▨▨▨▨▨▨▨ 컬렉션
>
> 3. 진행 내용 :
> - 블로그 리뷰 포스팅 1건(제품 대여)
> - 자녀와 함께하는 ▨▨▨▨▨▨▨▨ 제품 특장점 소구
> - 제품 사용기 + 자녀와 함께하는 일상 속 사용씬
> 4. 문의 내용
> - 진행 가능 여부
> - 진행 비용
> - 연락처
> 5. 비고 :
> - 초안 작성 전 리뷰 가이드 및 상세 자료 전달드릴 예정
> 이며, 작성하신 초안은 검수 및 수정 완료 절차 후 블로
> 그에 게재됩니다.

위 내용과 함께 긍정적인 검토 부탁드리며,
관련해서 궁금하신 사항 있다면 하기 연락처로 편하게 문의 주시기 바랍니다.

<대행사 원고 제안 메일 예시>

OO 마케팅 담당자 귀하 (혹은 귀중)

안녕하세요. 네이버 경제 인플루언서 '재테크하는제인'이라고 합니다.

보내주신 제안 내용 꼼꼼히 검토해 봤습니다.
특히 A사 OO 제품의 경우 제가 평소에도 자주 사용하며 리뷰도 몇 번 했던 경험이 있습니다.
이에 대한 구독자 반응도 좋고 댓글로 제품 구입 경로에 대해 문의하는 경우도 있어 높은 관심을 보였다고 생각합니다.

제안 주셨던 사항을 면밀히 살펴봤는데 제가 그 분야에서 이미 유사한 리뷰를 다수 발행하여 상위 노출한 경험이 있고 네이버 인플루언서 경제·비즈니스 분야 상위 0.1%이면서 하루 3만 명이 방문하는 최적화 블로그로 해당 분야 키워드 상위 노출의

확률이 매우 높아 홍보에 효율적이라고 판단됩니다.

그래서 지금 제안주셨던 원고료의 가치보다도 훨씬 많은 파급 효과를 줄 수 있을 것으로 예상하고 원고료 상향 조정을 해주십사 합니다. 이에 대한 유사 포스팅, 상위 노출 이력에 대해서 참고 자료를 보내 드리오니 참고하여 주시기 바랍니다.

<유사 포스팅 이력>
1. A사 B제품 언박싱 리뷰 : 현재 OO 키워드 뷰탭 1위
2. C사 D제품을 활용한 생활 레시피 : 현재 OO 키워드 통합검색 1위
3. E사 F제품 vs G사 H제품 실제 사용 후기 비교 : 현재 OO 키워드 블로그탭 3위

회신 가능 연락처 : 010-1234-5678

네이버 인플루언서 재테크하는제인 김민지 올림

<원고료 상향 조정 협상 예시 메일>

대행사의 경우 일반 기업에 보내는 메일과 내용이 조금 다릅니다. 기업 마케팅 담당자에게 보내는 경우 상위 노출, 키워드, 로직 등에 대한 개념 인지가 부족해 보편적으로 알 수 있는 블로그 홍보에 대한 실행 방법과 파급 효과 등으로 구성한 기획(안) 형식으로 제안할 수 있습니다.

하지만 대행사로 답신을 보내는 경우 담당자가 상위 노출, 로직, 블로그 지수 등에 대한 정보를 충분히 인지하고 있기에 좀 더 직관적인 내용을 제시하는 것이 좋습니다. 예를 들어 내가 노출시킬 수 있는 키워드나 과거 유사 제품에 대한 협업 이력으로 얻은 결과에 대해 좀 더 직접적으로 파급 효과 수준을 알려주는 것이 좋습니다. 대부분 불특정 다수에게 대량으로 보내는 협찬 의뢰 메일은 나만을

타깃으로 보내는 것이 아니므로 내 블로그 수준을 명확하게 모르는 경우가 많습니다. 따라서 자신만의 홍보 파급 효과를 높일 수 있는 방법, 유사 경력, 키워드 상위 노출 경험 등의 장점을 어필해 보는 것이 자신의 가치를 높이고 원고료도 상향 조정할 수 있는 방법입니다.

여러분도 서둘러 메일에 답장을 하기보단 내 블로그 매력을 스스로 어필해 보면 어떨까요? 말 한마디에 천 냥 빚을 갚는다고 짧은 이 메일로 나의 원고료가 상향될 수 있고 혹시 올려 받지 못하더라도 그만큼 나의 가치를 충분히 기업과 대행사에 인지시킬 수 있는 좋은 기회가 될 것입니다.

5. 1인 창업 도전 –
공동구매·스마트스토어·블로그 마켓

블로그로 높은 수익을 만드는 방법 중 하나는 나만의 사업체를 꾸리는 것입니다. 1인 기업으로 창업을 할 수 있는 기회인 이유는 바로 블로그 마켓으로 상품을 판매하고 그 과정에서 수익을 얻을 수 있는데, 이는 블로그라는 훌륭한 홍보 매체가 있기 때문입니다.

1인 기업을 통한 수익화는 다양한 루트로 접근할 수 있는데 주로 블로거가 주도하는 공동구매가 있고 아예 사업체를 등록하고 정식 온라인 판매를 하는 블로그 마켓과 스마트스토어로 구분할 수 있습니다. 위 3가지 형태의 수익 루트는 블로거의 영향력이 소비자 구매로 이어지는 것이므로 블로그가 홍보 수단 역할을 하고 실질적인 소득은 판매에서 발생한다는 것을 염두에 둬야 합니다.

<블로그 마켓 운영 화면(출처 : 모또 메이크업 강사 블로그)>

　사업체가 필요한 마켓과 스마트스토어가 부담스럽다면 공동구매를 우선 진행해 볼 수 있습니다. 공동구매를 하기 위해서는 제품 혹은 서비스에 대한 본인 포스트가 상위 노출돼 있으면 업체 제안을 받기에 유리합니다.

　이미 상위 노출되고 있는 블로거의 영향력을 확인한 업체에서는 공동구매 진행에 대한 내용과 수익 배분에 대해서 제안할 수 있고 블로거 선택에 따라 진행 가능합니다. 기업과의 협업으로 공동구매 혹은 마켓으로 물건을 판매하면서 그 물건을 판매한 실적에 따라 커미션을 제공받는 형태로도 진행할 수 있습니다.

다양한 제품들을 매력적으로 판매하고 계시는 피드를 보며 대단하다고 느끼고 있습니다😊

지금 하고 계시는 판매는 동일하게 진행 하시면서,
높은 커미션으로 저희 상품도 판매하시면서 셀러로 활동 해보시는건 어떠신가요?

저는 ▮▮▮▮▮▮▮▮이라고 하며 저희 회사는 2016년부터 '온라인 피트니스 컨텐츠 플랫폼'을 운영하고 있습니다!

✓동네부기님께 제안드리는 내용은 당사 ▮▮▮▮▮▮▮▮ 상품에 대한 셀러 활동 제안이며,
회사 내규상 적용 가능 정산 최대치인 1건 판매 커미션 10만원이 내부적으로 확정되어 제안을 드리게 되었습니다!

저희 서비스를 무료로 이용하시며 판매하실 수 있는 권한까지 드리는 것이고
필수 판매 수량 제한이 없어서 부담없이 시작하실 수 있습니다.

유튜브, 공구, 인스타, 블로그 등 판매 형태에는 제한이 없습니다!

✓본업 외 활동으로 부가 수익을 창출할 수 있는 업계 최고의 커미션이라고 자부할 수 있습니다😊

💠셀러 판매 커미션
- 건당 10만원
*상품가 199,000원
- 정산 일 : 매월 5일
*1인 월 평균 정산액 230만원

판매 상품 ▮▮▮▮▮▮▮

💠진행 절차
1. 진행 의사 확정 및 신청서 작성
2. 셀러 계약서 작성 (전자계약)
3. 셀러 개인 전용 판매 링크 생성
4. 추천인 코드 발급
5. 셀러 활동 시작

✓자세한 사항은 위 제안서에 확인 가능하며, 문의 내용은 회신주시면 구체적으로 안내해 드리겠습니다 :)

셀러 신청서 작성 : ▮▮▮▮▮▮▮▮▮▮

<업체의 공동구매 제안 예시(출처 : 동네부기 블로그)>

여기서 주목해야 할 점은 네이버도 공동구매를 적극 권장하고 있다는 사실입니다. 과거에는 블로거 개인 역량에 따라 공동구매를 할수 있었고 업체와의 조율로 마진을 남겨 수익을 볼 수 있는 구조였다면 이제는 인플루언서가 되면 공식적으로 공동구매를 할 수 있고, 네이버는 이를 도와주는 브랜드커넥트라는 프로그램도 선보였습니다. 2022년부터 인플루언서를 대상으로 업체와 인플루언서 간의 공동구매를 장려하는 브랜드커넥트 시스템이 운영되고 있으며 이를 적극적으로 홍보하고 있습니다.

공동구매 콘텐츠 등록하기

- 브랜드커넥트에서 진행하지 않은 공동구매 콘텐츠를 수기로 등록할 수 있습니다
- 내 인플루언서 홈에 연동된 채널에서 진행한 공동구매 콘텐츠만 등록할 수 있습니다 (비공개, 중복, 공동구매와 무관하거나 기타 부적절한 콘텐츠는 등록할 수 없으며, 등록시 미노출 처리될 수 있습니다.)
- 콘텐츠는 최대 5개까지 등록 가능하며 등록 순서와 상관 없이 프로필에는 콘텐츠 발행 일자의 최신순으로 노출됩니다.
- 브랜드커넥트 내부에서 진행한 캠페인은 캠페인 화면에서 콘텐츠를 제출할 수 있으며, 수기로 등록할 수 없습니다.
- 브랜드커넥트에서 진행한 캠페인은 수기로 등록한 콘텐츠보다 항상 먼저 노출되며, 5개 이상의 캠페인을 진행한 후에는 수기 등록 콘텐츠 및 관리 페이지가 더 이상 노출되지 않습니다

콘텐츠 1

https://blog.naver.com/alswl09100/221717252740 ⌄

 꿀사과 직거래 성공!! 정선 달콤농장 내돈내산♥ 후기
2023.01.10

<인플루언서 공동구매 콘텐츠 등록 화면(출처: 네이버 인플루언서센터)>

<인플루언서 브랜드커넥트 공동구매 진행 현황 화면

(출처: 인플루언서 '피그젤리온' 브랜드커넥트)>

먼저 인플루언서가 과거에 진행한 공동구매 포스팅을 프로필 이력에서 콘텐츠로 등록합니다. 이후 공동구매 진행 이력과 영향력을 검토한 업체에서 메일이나 네이버 톡톡으로 캠페인 제안서를 보내면 제안서 내용을 확인 후 캠페인을 수락합니다.

판매용 URL 확인 후, 상품 홍보를 위한 콘텐츠를 작성한 뒤 콘텐츠 URL을 제출하고 판매, 정산 내역을 확인합니다. 마지막으로 진행 결과를 브랜드커넥트에 리뷰로 남기면 새로운 공동구매 기능을 쉽고 편리하게 진행할 수 있습니다.

이러한 인플루언서 브랜드커넥트 공동구매 시스템은 앞으로 네이버에서 확실하게 검증된 전문 블로거를 양산하고 이를 업체와 연계해 수익화 도움을 주는 것이므로 지속 확대하고 적극 장려할 것이라고 예상할 수 있습니다. 따라서 블로그를 부업으로 하려고 계획한다면 사업자등록을 하지 않아도 공동구매로 추가 수익 루트를 확보할 수 있다고 생각하면 됩니다.

공동구매가 아니라 블로그 마켓과 스마트스토어의 경우 사업자에게만 오픈하고 있고 좀 더 다양한 상품 판매가 가능합니다. 내가 직접 제작할 수도 있고 물건을 소매로 팔아 마진을 남길 수도 있기 때문에 공동구매보다 상시 판매할 수 있는 상품이 많다는 점이 장점입니다.

blog | Lifelog.Blog

Q ☰

마켓 플레이스

홈　최근 본　이웃 상품　의류　**패션잡화**　유아동　식품　뷰티　홈리빙　취ㅁ　∨

전체　시계·주얼리　액세서리　신발　가방·지갑

thrseATOHzeon 소가죽 스니커즈
69,000원

페미닌 펄 화이트 진주 리본 브로치
국내제작
9,900원

스마일 원 캔버스 미니에코백
11,900원

여성 겨울 골프니트캡 앙고라 밍크
울 방한 뜨개 모자

디피제품 기본앵클 세일
20,000원

캔디 리본 머리핀 2개 1세트 5color
5,000원

<직접 판매가 가능한 블로그 마켓(출처 : 네이버 마켓 플레이스)>

　또한 마켓이나 스마트스토어는 네이버 쇼핑과도 연계될 수 있는
부분으로 앞으로 네이버 쇼핑에서 인플루언서 리뷰가 활용되는 시스
템이 신설될 수 있습니다. 블로거 리뷰를 매개로 쇼핑을 활성화시키
려는 것으로 볼 수 있어 이를 바탕으로 새로운 사업을 구상하는 것도
가능합니다.

　마지막으로 마켓이나 스마트스토어는 사업자만 참여할 수 있는 시

스템이기 때문에 무조건 사업자번호가 있는 사람만 블로그 마켓을
오픈할 수 있는 권한이 주어지고 일반 블로거에게는 열리지 않으니
유의해야 합니다.

6. 지식으로 수익 창출하기 - 강의하기·스터디·브랜딩 컨설팅

1) 강의를 시작하게 된 계기와 과정

강의를 하게 된 계기는 아주 우연히 제안받은 메일과 댓글이었습니다. 저는 총 2가지 강의를 진행한 이력이 있는데 첫 번째는 블로그 수익화, 두 번째는 주식 기초 상식이었습니다.

블로그 수익화 강의는 '부엽공'이라는 재테크 카페 스탭이면서 평소 친분이 있던 모 경제 인플루언서 분이 댓글로 계속 블로그 강의를 해달라고 요청을 해왔습니다. 혼자 글을 쓰는 것에만 익숙했던 제가 누군가에게 지식을 전달하고 가르칠 수 있는 실력이 되는지 자신이 없어 몇 번 고사했는데 그럼에도 불구하고 계속 제안을 주셨습니다.

거듭된 거절에도 계속 제안이 들어와 담당자와 한번 미팅을 갖고 어떤 강의를 원하는지 회의를 했습니다. 일단 처음은 특강 형식으로 무려 4시간 동안 블로그 수익화에 대한 실제 경험담을 나누는 내용으로 하자고 제안을 받았고 고민하다 한번 도전해 본다는 생각으로 특강을 시작했습니다.

온라인이었지만 첫 강의부터 100명이 넘는 대중 앞에서 제 블로그 운영 철학, 수익화 히스토리, 상위 노출 로직에 대한 기초 내용 등을 막힘없이 말할 때 오히려 에너지를 얻고 흥미를 느끼기도 했습니다. 카페 측도 강의에 만족했고 정규 강의로 론칭하는 것을 제안받아 좀 더 상세한 내용을 담은 4주 코스로 구성해 진행했습니다.

처음엔 막연히 제가 블로그 로직, 글쓰기, 수익화 내용을 잘 전달할 능력이 되지 않는다고 생각해 제안을 고사했습니다. 하지만 첫 강의는 저에게 도전이었고 100장이 넘는 PPT를 4시간짜리 특강을 위해 만들었던 그 시간이 제 머릿속에만 있던 노하우를 타인에게 전달하기 쉽게 정리하는 계기가 됐습니다.

만약 그 제안을 계속 거절했다면 저는 어떻게 되었을까요? 아직도 내 블로그 포스팅 업로드에만 집중하고 혹시 대행사에서 원고 제안을 하지는 않았을까 기다리면서 메일함을 뒤적거리고 있었을 겁니다. 저는 강의를 하면서 나의 경험적 지식을 타인에게 전달할 수 있는 힘과 재능을 발견했다고 생각합니다. 부끄러움과 불안함을 이기지 못하고 계속 거절했다면 저의 이 재능을 발견하지도 못하고 한 단계 업그레이드하지도 못했을 겁니다.

재테크하는 제인님 안녕하세요.
저는 ▨▨▨▨▨▨▨▨▨▨▨라는 회사의 사내 스타트업인 ▨▨▨▨▨▨▨▨▨ 입니다.
운영하시는 블로그를 통하여 연락처를 알게 되어 이렇게 메일을 드립니다.

저희 ▨▨▨▨▨▨▨▨▨라는 사이트를 통해 다양한 교육서비스를 제공하고 있습니다.
최근에는 **실제 투자할 필요 없이 제대로 공부하고 Next 테슬라를 발굴하는 '투자 챌린지'**라는 포맷을 기획하여 2030세대를 대상으로 겨울시즌 한정으로 총 상금 1억, 1,000명을 모집하는 교육과정 입니다. 투자대회와 유사한 컨셉이지만, 교육적인 관점으로 **4주 동안 투자 공부**를 제대로 하고 **이후 한 달 동안은 챌린지에 참여**하며 건강한 투자를 끝까지 배울 수 있도록 준비하고 있습니다.

현재, ▨▨▨▨▨▨증권 리서치 센터장, ▨▨▨▨와도 긍정적으로 제휴를 논의하고 있으며, 2030세대에게 가장 적합하다고 생각하는 **재테크하는 제인**님을 '투자 챌린지'의 연사 중에 한 분으로 모시고자 함 입니다.

재테크가 정말 보편화되는 시점입니다. 하지만, 수많은 2030 세대가 제대로 공부하지 않고 도박의 일환으로 주식을 하며 빚투, 주식중독, 가짜정보 등 투자의 본질과는 와전된 문제를 야기하고 있습니다. **재테크하는 제인**님의 경험과 노하우를 바탕으로 금융지식이 부족한 개인투자자들이 끝까지 공부할 수 있는 과정을 만들고자 합니다.

아래에 간단하게 제로베이스와 투자 챌린지 제안 내용에 대해 소개하였으며, 확인하시고 회신해주시면 오프라인 미팅을 통해 이야기를 나눠보면 좋을 것 같습니다.

하기 내용은 논의를 통해 충분히 협의 가능한 부분이니 문의사항이 있으시면 편히 말씀 부탁드립니다.

감사합니다

<주식 강의 론칭 제안서>

주식 강의도 마찬가지였습니다. 한창 주식 열풍이 불 때 저는 초보를 위한 기초 가이드를 제시한다는 목적을 가지고 꾸준히 포스팅과 시리즈를 발행하고 있었습니다. 이를 보고 강의 플랫폼인 A사에서 메일로 제안을 줬고 줌 미팅을 통해 초보자를 위한 짠테크, 잃지 않는 소액 투자라는 포인트를 가지고 진행하자고 결론을 내렸습니다.

대략적인 일정은 1차 포트폴리오, 커리큘럼 제출 〉 2차 커리큘럼 수정 및 계약 논의 완료 〉 3차 강의 자료 제출 〉 4차 강의 촬영 순이었습니다. 화상회의로 대략적인 강의 타깃, 내용의 포인트와 방향에 대해 조율했고 추가 요청 자료로 주식 투자에 대한 저의 이력, 결과에 대해 포트폴리오를 구성해 제출했습니다.

줌을 이용한 온라인 실시간 강의만 해봤던 터라 녹화 강의는 익숙

하지 않았는데 수강생과 소통이 없다 보니 오히려 자료를 다양하고 상세하게 준비해야 했습니다.

저는 이 두 가지 강의로 매년 1천만 원 이상의 수익을 낼 수 있었습니다. 그 비결이 무엇이었을까요? 바로 기회가 왔을 때 과감하게 선택한 겁니다. 제가 계속 능력이 부족하다며 거절했다면 이런 기회가 저에게 다시 올 수 있었을까요? 물론 과감한 선택을 하고 난 후 저는 혹독한 자료 준비에 시달렸습니다. 선택을 했다면 당연히 내 최고 능력치를 보여주기 위해 만반의 준비를 해야 하기 때문입니다.

하지만 그것을 훌륭히 소화해 낸 저에게 온 보상은 확실한 수익화 루트 하나를 개척한 것과 강의를 잘하는 제인이라는 수강생들의 후기, 지식을 잘 정리해 앞으로 다른 대상으로 언제든 강의를 진행할 수 있는 이력이 생겼다는 점입니다. 이것이 하루에 글 한 개씩 적었을 뿐인데 블로그, 주식 강사가 된 저의 스토리가 되었습니다.

2) 강의에는 반드시 포인트가 있어야 한다

저처럼 운 좋게 제안을 받아 전문 플랫폼에서 강의를 진행하는 경우 수강생 모집에 대한 부담이 조금 줄어들 수 있습니다. 하지만 제안을 받지 못한 경우는 강사가 직접 수강생을 모집하고 어느 정도 인원이 채워지면 진행하는 것이 일반적입니다. 그렇다면 인기 있는 강의가 되기 위해서는 어떤 비법이 있어야 할까요? 바로 타깃이 흥미를 가질 수 있는 포인트를 공략해야 한다는 것입니다.

FOR A WEBSITE
CONTENTS

네이버인플루언서 @재테크하는제인

<재테크하는제인의 블로그 수익화 강의 커리큘럼>

예를 들어 위 블로그 수익화 강의 커리큘럼을 보면 블로그를 처음 운영하거나, 수익이 미미해 좀 더 키우고 싶은 사람을 핵심 타깃으로 삼았습니다. 그래서 제가 생각하는 포인트는 정보를 나열하고 이를 따라하게끔 하는 것이 아니라 블로그 수익화 원리를 이해하고 이를 활용해 수익화 루트에 대입하는 것이었습니다.

이미 블로그로 월 500만 원 이상의 수입을 벌고 있는 저의 수익을 공개하면서 어떤 경험적인 근거로 이 수치가 가능했는지 증명하는 방법으로 수강생의 신뢰와 흥미를 얻을 수 있었습니다.

후킹 포인트는 '돈이 되는 키워드 선택법'이었고 이제껏 협찬에 의

존한 네이버 블로그 수익을 키워드 단가 분석을 통해 애드포스트 광고비를 매월 안정적으로 높게 유지하는 방법을 제시하고자 했습니다. 물론 '독자를 이끄는 글쓰기'를 기본으로 블로그 포스팅을 알차게 구성해 독자가 끝까지 글을 읽게 하는 힘을 갖는 것이 무엇보다 중요하다고 강조했습니다.

또 수강생에게 다음과 같은 특별 혜택도 제공했습니다.

(1) 1 대 1 피드백 제공(1회, 글쓰기 및 브랜딩)

(2) 1주일 다시 보기 서비스 제공

(3) 강의 자료 제공(배포X)

(4) 종료 후 우수 수강생, 우수 후기 작성자 각 1명 선발해 1대1 질문권 혜택

이렇게 다양한 혜택을 통해 일반적인 영상 시청 수업이 아닌 강사와 소통이 가능한 수업이라는 것을 강조했습니다. 참여도가 높은 우수 수강생과 좋은 후기를 쓴 수강생을 선정해 1 대 1 질문권을 부여해 브랜딩 컨설팅까지 진행하고 그 결과도 함께 공유해 효과를 입증하도록 했습니다.

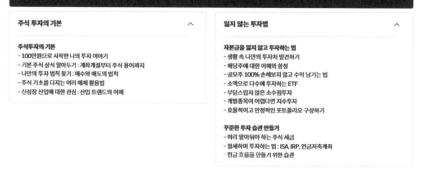

주식 투자의 기본 ∧

주식투자의 기본
- 100만원으로 시작한 나의 투자 이야기
- 기본 주식 상식 알아두기 : 계좌개설부터 주식 용어까지
- 나만의 투자 법칙 찾기 : 매수와 매도의 법칙
- 주식 기초를 다지는 여러 매체 활용법
- 신성장 산업에 대한 관심 : 산업 트렌드의 이해

잃지 않는 투자법 ∧

자본금을 잃지 않고 투자하는 법
- 생활 속 나만의 투자처 발견하기
- 배당주에 대한 이해와 활정
- 공모주 100% 손해보지 않고 수익 남기는 법
- 소액으로 다수에 투자하는 ETF
- 부담스럽지 않은 소수점투자
- 개별종목이 어렵다면 지수투자
- 효율적이고 안정적인 포트폴리오 구상하기

꾸준한 투자 습관 만들기
- 미리 알아둬야 하는 주식 세금
- 절세하며 투자하는 법 : ISA, IRP, 연금저축계좌
- 현금 흐름을 만들기 위한 습관

<재테크하는제인 소액 투자 주식 강의 커리큘럼>

　주식 강의의 경우 먼저 플랫폼에서 요청했었던 콘셉트가 '경제 인플루언서가 알려주는 하기 쉬운 소액 투자, 짠테크'였고 제가 현재 지속적으로 브랜딩 하고 있는 친절하게 알려주는 쉬운 경제 코칭과도 잘 부합했습니다.

　특히 주식 투자 열기가 매우 높았고 기초 상식에 대한 수요가 많았던 시기라 전문적인 원론보다는 이해하기 쉽도록 예시를 들거나 풀어서 설명하는 것에 중점을 뒀습니다. 다만, 전문성을 확보하기 위해 관련 법률, 세금 제도 등 다양한 투자 상품에 대한 기초 상식도 함께 제공하는 것을 원칙으로 했습니다.

<주식 강의 수강 시 받을 수 있는 혜택 이미지>

특히 주식 강의 특성상 투자 시 활용하면 좋은 템플릿을 직접 만들고 수강 혜택으로 소개하면서 강의에 대한 동기부여를 주기도 했습니다.

후킹 포인트는 '공모주 100% 손해 보지 않고 수익 남기는 법' 등의 문구로 초보 투자자가 손해에 대한 두려움을 이겨낼 수 있는 방법을 알려준다고 느끼게 하는 것이었습니다. 결과적으로는 어려운 재테크 기초 상식을 블로거가 친근하게 알기 쉬운 방법으로 설명해 줘 초보도 훌륭한 투자자가 될 수 있음을 독려했고 수강생들의 좋은 반응과 후기를 얻을 수 있었습니다.

3) 스터디 운영과 브랜딩 컨설팅

<오픈 카톡을 활용한 스터디 운영 예시>

지식을 활용한 또 다른 수익 창출은 스터디 운영, 브랜딩 컨설팅 등

이 있습니다. 저도 처음 특강을 진행한 후 우수 수강생 몇 명을 선정해 스터디를 운영했던 이력이 있습니다.

제가 블로그 멘토 역할을 하고 서로 동기부여를 하면서 지속적인 성장을 목표로 운영했는데 경험적인 지식이 매우 중요한 블로그 분야에서 본인이 직접 경험한 지식을 나누는 것이 많은 도움이 되었다고 생각합니다. 저는 비록 무료로 진행했지만 스터디의 경우 수익 창출을 위해 소액의 참가비를 받고 운영하는 것도 참여자 동기부여 차원에서도 도움이 된다고 봅니다.

가장 쉽게 스터디를 운영하는 방법은 오픈 카톡을 이용하는 것입니다. 특성에 맞는 규칙을 정하고 참가비를 받아 일정 기간 진행하되 분명한 목적을 가지고 운영하는 것이 좋습니다. 물론 소액의 참가비로는 만족스러운 수익 창출 루트가 되지 않을 수도 있지만 이것을 기반으로 새로운 수익 루트, 예를 들어 강의 론칭, 유료 챌린지 모임 등을 개척하는 중간 다리라고 생각하면 될 것 같습니다.

브랜딩 컨설팅은 블로그를 오랜 기간 동안 운영하고 이에 대한 노하우가 축적됐다면 초보자의 운영 고민을 직접적으로 해결해 줄 수 있는 상담을 진행하는 것입니다. 제가 책에 기재했던 것처럼 어떤 주제를 가지고 어떻게 글을 써야 하는지 막막해서 갈피를 잡지 못하고 있을 때 브랜딩 컨설팅을 받으면 올바른 방향으로 갈 수 있는 길잡이를 만날 수 있습니다.

아무래도 강의를 들어도 온전히 개인적인 코칭을 받는 것이 아니기 때문에 머리로는 이해되지만 실제로 응용하는 것에 어려움을 느끼는 사람이 있습니다. 브랜딩 컨설팅은 멘토 역할과 함께 자신의 강점을 활용한 블로그 운영을 돕기 때문에 1 대 1로 진행하는 경우가 많고 이를 위해 고액의 수강료를 지불하기도 합니다.

다만, 컨설팅은 브랜딩을 초반부터 함께 만들어가는 작업이기 때문에 강사와 수강생 간의 심도 있는 상담이 필요합니다. 또, 만족스러운 결과를 만들기 위해서는 집중적인 피드백을 주어야 하므로 한꺼번에 많은 수강생을 코칭하지는 못한다는 것을 유의해야 합니다.

4) 지식을 활용한 수익 창출에서 주의할 점

지금까지 지식을 활용한 수익 창출 방법에 대해서 이야기했습니다. 고급 코스에서 다뤄지는 만큼 블로그를 오랜 기간 운영했거나 다수의 경험을 가지고 노하우가 축적된 분에게 권유하는 만큼 이 방법으로 수익을 내는 건 극소수에 해당한다고 보면 됩니다.

하지만 어렵다 생각하지 말고 이 방법을 활용할 때 주의할 점 몇 가지만 알고 있다면 누구나 멋진 강사가 될 수 있습니다.

첫 번째, 항상 팩트 체크에 힘써야 합니다. 지식을 활용한 수익 창출 방법이기 때문에 이 지식은 시대별, 세대별로 다르게 적용될 수도 있습니다. 시간이 지남에 따라 내용을 업데이트해야 하는 경우도 종종 있기 때문에 당시에 부합하는 팩트에 기반한 지식인지 늘 점검해야 합니다.

두 번째, 확실한 자료가 없으면 신뢰가 떨어집니다. 지식이라는 것은 내 머릿속에 있는 것을 말이나 다른 도구로 표현하는 것이기 때문에 이것을 타인에게 직관적으로 이해시키기 위해서는 확실한 시각적 자료가 필요합니다. 예를 들어 제가 책을 집필할 때 다양한 표현으로 글을 쓰고 아무리 예쁘게 포장해도 이것을 증명할 자료가 없으면 신빙성이 떨어집니다. 만약 주장에 합당한 자료를 제시한다면 제 이야기는 상당한 신빙성을 얻을 수 있어 신뢰할 수 있는 강사가 될 수 있습니다.

따라서 지식을 말로 포장하기보다 확실한 자료 확보에 비중을 둬야 독자들에게 인정받을 수 있습니다.

세 번째, 지식을 제때 업데이트하지 않으면 가치가 떨어집니다. 이것은 블로그에도 적용되는 사안입니다. 만약 제가 정보성 글을 썼는데 2023년에 2020년 자료를 가지고 글을 쓴다면 과연 이 지식은 사람들에게 널리 인정받을 수 있을까요? 첫 번째에서 말했던 것처럼 늘 팩트 체크를 기본으로 해야 하는 지식을 시효가 지난 정보로 구성한다면 그 지식은 값어치가 없어집니다. 그러므로 항상 지식을 최신 버전으로 업데이트하는 것이 무엇보다 중요합니다.

지식으로 창출하는 수익은 쉬우면서 어렵습니다. 혹 강의를 할 때 자료는 간단히 준비하고 말로 때우면 된다고 생각하고 시작한다면 분명히 그 수업은 시간이 지날수록 힘을 잃을 것입니다. 늘 자료로 입증하고 신뢰를 얻기 위해 꾸준한 업데이트를 해야 합니다. 이것이야말로 내 머릿속에 맴도는 지식이 아니라 모든 사람에게 필요한 정보가 되는 길입니다. 이를 꼭 명심한다면 무한한 수익 창출 루트로 여러분의 마음을 기쁘게 할 것입니다.

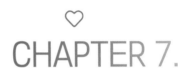

CHAPTER 7.

본업보다 더 버는
부업 롱런하는 법

1. 채널이 많을수록 인플루언서 영향력은 커진다

　앞서 월 500만 원 파이프라인을 개설하는 방법을 이야기하면서 다채널의 중요성과 활용에 대해서 설명했습니다. 대형 팬덤을 가지고 있는 셀럽이 아니라면 부업으로 SNS를 통한 수익화를 이루려는 사람은 필수적으로 다채널 운영을 해야 합니다.

　만약 1개의 채널만 운영한다면 다수에게 영향력을 끼치는 인플루언서라고 보기엔 분명 한계가 존재할 겁니다. 또, 각 SNS 채널의 특성상 창작자에게 요구되는 분위기와 스타일이 다른데 이걸 반대로 생각하면 한 개의 소스를 가지고 다양하게 응용할 수 있다는 뜻도 됩니다.

<다양하게 운영할 수 있는 SNS 서비스들>

스마트폰이 보급되면서 산업과 생활의 패러다임이 변했습니다. 대세로 자리 잡은 SNS가 앞으로도 쭉 영향력을 유지한다고 장담할 수 없습니다. 시대 흐름에 맞춰 변화하는 서비스만이 살아남아 영향력을 유지할 것입니다. 그렇다면 채널을 운영하는 우리는 어떠한 자세를 가져야 할까요?

간단합니다. 각 채널의 특징을 파악하고 내가 제일 잘하고, 즐겁게 할 수 있는 것을 찾아낼 수 있어야 합니다. 블로그 글 하나로 운영할 수 있는 다채널 루틴을 잠시 소개하겠습니다.

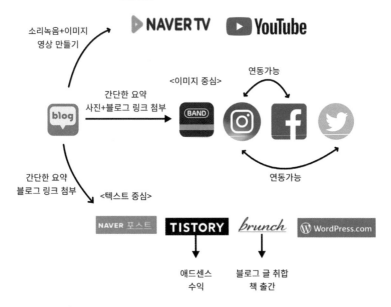

<블로그로 하는 다채널 운영 루틴>

    먼저 네이버 블로그를 기본으로 한다면 같은 네이버에서 운영하는 네이버 포스트, 네이버TV, 밴드 개설은 쉽게 할 수 있고 애드포스트로 묶어서 수익 창출이 가능합니다. 이 4개 채널은 기왕이면 모두 개설하고 블로그를 중심으로 상생관계를 만드는 게 좋습니다.

    그 외 타 검색엔진을 바탕으로 하는 채널은 크게 영상, 사진, 텍스트 중심으로 나눠 운영해 보는 것이 좋습니다. 그 예로 블로그 글을 발행하고 나서 텍스트를 따로 녹음한 후 이미지와 병합해 하나의 영상으로 만들어서 유튜브에 올리면 영상 중심의 채널을 운영할 수 있습니다.

물론 해당 플랫폼에서 원하는 콘텐츠 분위기와 다를 수는 있지만 초반에 채널 확장을 하는데 부담이 있다면 최대한 기존 소스를 활용하는 방안을 추천합니다.

이미지 중심의 플랫폼인 인스타그램, 페이스북, 트위터는 모두 연동 가능한 채널이며 블로그 글을 간단하게 요약해 원본 링크를 첨부하는 방식을 주로 사용하는데 이때는 흥미를 유발할 수 있는 제목을 지어 독자 눈길을 끄는 것이 무엇보다도 중요합니다.

마지막으로 텍스트 중심의 플랫폼에는 티스토리, 브런치, 워드프레스가 있는데 티스토리, 브런치는 다음 검색엔진 기반입니다. 특히 눈여겨봐야 할 서비스는 브런치인데 브런치에 옮긴 글을 모아 책으로도 발간할 수 있어 라이프 로그를 지향하는 블로거라면 브런치로 내 삶을 담은 에세이를 만드는 것도 나쁘지 않은 것 같습니다.

<재테크하는제인이 운영하는 채널들. (왼쪽부터)네이버 포스트, 밴드, 카카오뷰, 인스타그램>

저도 마찬가지로 채널을 여러 개 운영하고 있습니다. 당연히 각 플랫폼마다의 특성에 맞게 운영하다 보니 그만큼 신경 쓸 것도 많지만 새로운 구독자를 확보하는 창구가 된다는 의미에서 블로그 운영에 긍정적 영향을 준다고 생각합니다.

블로그에 글 하나 쓰는 것도 벅찬데 어떻게 이렇게 다양한 SNS 활동을 할 수 있냐고 부담스러워하는 사람도 있을 겁니다. 하지만 1개 채널에서 보여줄 수 있는 나의 생각은 당연히 한계가 존재할 수밖에 없습니다. 그 한계를 뛰어넘는 것을 고민하고 있다면 두려워하지 말고 과감하게 채널을 확장하는 방법으로 인플루언서의 영향력을 확대해야 합니다.

2. 블로그 재테크 누구나 할 수 있다

최근 부업에 대한 관심이 상당히 커지는 추세입니다. 말 그대로 본업이 있지만 나의 노동 가치가 내가 원하는 만큼의 재원으로 인정받지 못하거나 더 많은 수익 창출로 경제적 자유를 누리고 싶기 때문입니다.

평생직장이라는 말을 믿고 직장에 헌신하며 정년퇴직하기를 소망하던 때도 있었습니다. 하지만 이제는 시대가 바뀌어 직장에 매어 있지 않고 다재다능한 개인의 개성을 뽐내며 본업과의 시너지 효과를 극대화하는 사람이 인재라고 불립니다.

결국 블로그도 마찬가지로 내 재능의 일부이며 이것을 잘 운영해 돋보이게 된다면 인플루언서로 영향력을 떨칠 수 있고 나아가 본업에 연결해 완전한 수익화를 이룰 수 있습니다.

제가 처음 블로그 수익화에 도전했을 때 기왕이면 돈 많이 벌 수 있는 유튜브로 가지 왜 어렵게 매일 글 쓰는 블로그를 택했냐고 이야기하는 사람들이 있었습니다. 이미 많은 이에게 유튜브는 꿈의 돈벌이 수단이었고 소위 대박을 칠 가능성이 높다고 여겨졌습니다.

하지만 저는 블로그만의 매력이 있고 분명히 영상 피로감으로 텍스트를 찾는 사람이 있을 거라는 믿음이 있었습니다. 그리고 쉽게 내 생각을 끄적일 수 있는 블로그가 좋았습니다. 그저 글 쓰는 것이 좋았고 내 글에 반응하는 이웃들과의 소통이 재미있었고, 내 블로그 글이 검색 상위에 있다고 알려주는 주변 사람들의 격려에 힘이 났습니다.

처음엔 수익화를 생각하지 못하고 그저 소소하게 용돈벌이하며 협찬 물품 받아서 지출을 줄여보자는 심산으로 시작했습니다. 아무것도 가진 것이 없었기에 용감할 수 있었고 욕심내지 않고 차근차근 단계를 밟아갔던 것 같습니다. 그렇게 한 계단씩 오르다 보니 인플루언서가 되었고 블로그 덕분에 연봉 1억도 찍어봤습니다.

월 150만 원 받던, 언제 짤릴지 모르던 계약직 사원에서 이제는 어엿한 1인 기업인이 된 제가 자신 있게 블로그로 훌륭하게 재테크를 할 수 있다고 이야기합니다. 직접 경험해 봤으며 내가 특출나서 잘된 것이 아니라 그저 일상의 소소함을 나누겠다는 생각 하나와 성실함만 있다면 누구라도 할 수 있습니다.

흔히 재테크는 '돈이 돈을 버는 것이다'라고 말합니다. 그렇지만 저처럼 아무것도 가진 것이 없는 사람은 시드머니를 모으기 위해 아끼고 아껴 작은 자본금으로 재테크를 시작해도 이미 앞선 사람과의 격차는 말할 수 없이 벌어져 있습니다. 그럼 그 차이를 줄이기 위해서는 무엇을 해야 할까요?

바로 월급 이외 사이드 잡을 통한 부수입 창출로 시드머니 모으는 시간을 최대한 앞당기는 것입니다. 여기서 그치지 않고 계속 수익을 창출하는 파이프라인을 뚫어야 합니다. 이 모든 것을 내 일상을 기록하는 습관에서 비롯된 블로그로 시작할 수 있습니다. 그러므로 재테크 수단으로 블로그는 여전히 매력적입니다.

3. 인플루언서로
완성하는 1인 마케팅

인플루언서는 말 그대로 블로거의 주관적 생각, 판단, 가치관 등을 포스트에 담으면서 검색 소비자에게 공감을 얻고 이를 통해 긍정적, 부정적 영향을 미칠 수 있는 사람입니다. 그만큼 다수의 생각을 바꿀 수 있는 영향력을 지녔기 때문에 '공인'이라는 이미지도 가질 수 있습니다.

하지만 몰상식한 일부 블로거의 지나친 행동으로 입방아에 오르면서 파워 블로거는 자취를 감추었고 이제는 영향력을 전파하는 사람이라는 뜻의 인플루언서가 등장했습니다.

결국 핵심은 사람 자체의 파워, 영향력인데 이는 1인 기업 마케팅과 유사한 점이 상당히 많습니다. 1인 기업은 창의성과 전문성을 갖춘 개인이 운영하는 사업체를 뜻합니다. 이 점이 온전히 본인 생각을 글로써 표출하고 수익화하는 블로거와 흡사하다는 생각입니다.

인플루언서도 마찬가지로 창의성과 전문성을 바탕으로 개인 블로그를 운영하며 자유로운 사업 활동이 가능합니다. 블로그 마켓, 공동구매, 기업과의 협업 등의 활동으로 안정적으로 수익화를 이룰 수 있습니다.

초급부터 고급 과정까지 모두 착실히 지나왔다면 잘 키운 블로그로 오랜 기간 동안 꾸준한 수익을 만들어내야 합니다. 롱런한다는 것이 로직에 딱 맞춘 글을 집중적으로 생산하는 것만을 의미하는 건 아닙니다. 글을 쓰는 블로거의 생각이 오롯이 드러나고 그 생각에 많은 이들이 공감해 또 다른 생산적인 활동으로 이어지는 것이 바로 롱런의 비결입니다.

CHAPTER 8.

블로그 마케팅
실전 성공 사례

1. 평범한 주부에서 두 달 만에 하루 방문자 천 명 만든 '유나짱의 매콤한 육아 일상'

코칭 소스 : 주제 브랜딩, 글쓰기 작성법, 기초 로직

아기를 키우는 평범한 주부인 유나짱님은 육아휴직 중에 부수입이 생겼으면 좋다는 생각으로 강의를 신청했습니다. 본인이 운영하던 블로그에 '[D+200] 유나가 오늘 처음으로 뒤집었어요' 등 일기 형식의 글을 주로 쓰던 분이었습니다. 수익화 기대보다는 그저 아이가 커가는 모습을 기록하고 싶어 시작했다고 했습니다.

하지만 육아휴직 중에 수입이 줄다 보니 소소한 용돈벌이라도 하고 싶다는 생각이 들었고 아예 블로그 로직이나 키워드라는 개념 자체가 없다 보니 백지상태에서 코칭을 하게 되었습니다.

<초급 코칭 수강생 유나짱님 블로그 화면 (출처 : 유나짱의 매콤한 육아 일상)>

먼저 주제 브랜딩은 명확하게 '육아'로 선정했습니다. 당시 주 양육자라 소재를 찾는데 어려운 점은 없었지만 육아 내에서도 어떤 성향의 글을 써야 할지 고민이 된다고 해 카테고리 정리부터 피드백을 줬습니다.

유나짱님의 핵심 브랜딩은 '현재 영유아를 키우는 2030 엄마들의 공감을 부르는 쉽고 재밌는 콘텐츠'였습니다. 세부 카테고리로 구성해 정보성과 후기성 리뷰를 구분했습니다.

1. 육아정보(성장 기록, 이유식과 간식, 임신 출산 정보)
2. 진짜 리뷰(육아 아이템, 생활 가전, 아기와의 여행)
3. 베이비 재테크
4. 소소한 일상

여행, 재테크는 육아와는 별개 주제지만 현재 육아맘들의 관심이 높아 아이를 중심으로 아이랑 가볼 만한 곳, 자녀 증여 및 투자 등으로 연계해 초보자였던 유나짱님이 다양한 주제로 글을 쓸 수 있게 코칭했습니다.

글쓰기 분야도 키워드를 전혀 모르는 상황이라 로직을 이해하고 이를 기반으로 한 키워드 찾기, 키워드 중심으로 한 글쓰기 방법 등을 피드백하면서 로직에 맞춘 글쓰기가 익숙해지게 도움을 줬습니다.

유나짱님의 경우 코칭 45일 만에 일방문자 750명을 돌파했으며 노출이 전혀 없었던 일반 블로그에서 준최적화 3단계로 등급이 상향됐습니다. 또, 강의 수강 60일 이후에는 일방문자 1천 명을 돌파하고 P 브랜드의 분유 광고 협업으로 건당 10만 원 이상의 원고료 수익을 올리기도 했습니다.

본인이 블로그에 대한 '카더라' 정보에 흔들리지 않고 제 강의를 신뢰해 1 대 1 코칭 수업에 성실히 임했기 때문에 이러한 성과가 가능했습니다. 본인도 열성적으로 1일 1포스팅을 진행하면서 필력이 향상되고 조금씩 육아 아이템 상위 노출을 이루면서 협찬 제안을 받으며 수익화 루트를 확보했습니다.

Blog

2. 코칭으로 버려뒀던 블로그 최적화한 '눈덩이부인의 돈 굴리는 이야기'

코칭 소스 : 로직에 맞는 글쓰기, 키워드 단가 분석, 지수에 따른 상위 노출 분석

눈덩이부인님은 제가 특강으로 오픈한 강의를 처음 수강했던 분입니다. 이미 블로그를 운영한 이력이 있고 시간이 없어 강의 듣는 시점에는 방치해 놓은 수준이라 어떻게 하면 다시 블로그를 활성화시킬 수 있을까라는 고민을 갖고 수업에 임했습니다.

지수 진단 결과 이미 최적화 단계로 로직에 맞는 글쓰기를 한다면 상위 노출 가능성이 큰 블로그였습니다. 눈덩이부인님은 본인이 최적화 등급인지도 몰랐고 로직에 대한 정확한 이해가 없어 일단 로직에 맞는 글쓰기로 방문자 유입을 증가시키는 것을 우선적으로 코칭했습니다.

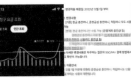

<중급 코칭 수강생 '눈덩이부인' 블로그 화면

(출처 : 눈덩이부인의 돈 굴리는 이야기)>

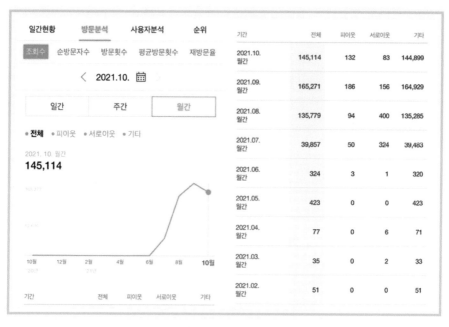

일간현황	방문분석	사용자분석	순위	기간		전체	피이웃	서로이웃	기타
조회수 순방문자수 방문횟수 평균방문횟수 재방문율				2021.10. 월간		145,114	132	83	144,899
< 2021.10.				2021.09. 월간		165,271	186	156	164,929
일간 주간 월간				2021.08. 월간		135,779	94	400	135,285
• 전체 • 피이웃 • 서로이웃 • 기타				2021.07. 월간		39,857	50	324	39,483
2021. 10. 월간 **145,114**				2021.06. 월간		324	3	1	320
				2021.05. 월간		423	0	0	423
				2021.04. 월간		77	0	6	71
10월 12월 2월 4월 6월 8월 10월				2021.03. 월간		35	0	2	33
기간 전체 피이웃 서로이웃 기타				2021.02. 월간		51	0	0	51

<중급 코칭 이후 눈덩이부인님 블로그 방문자 변화 추이

(출처 : 눈덩이부인님 블로그)>

　그 결과 강의를 듣고 한 달 만에 일방문자 1만 명을 돌파할 수 있었
고 다양한 키워드 조합으로 방문자 수를 유지하면서 애드포스트 광고
수익 향상을 위해 단가 높은 키워드 상위 노출 공략도 시행했습니다.

　본인이 가지고 있던 블로그의 가치를 잘 모른 채 방치했던 것이라
꾸준한 포스팅, 로직에 맞는 글쓰기만 익숙해진다면 충분히 많은 수
익을 거둘 수 있었고 성공적인 수익화 모델을 확보할 수 있었기 때문
에 본인의 노력과 지속적인 피드백이 상당히 중요했습니다.

　주제도 기존의 어학, 개인 기록용에서 본인이 관심 있었던 재테크

분야로 집중했고 경제 인플루언서 선정을 목표로 꾸준히 포스트를 발행하고 있습니다.

Blog

3. 업계 유명 강사지만 블로그는 초보였던 '바람의색상의 부스타그램'

코칭 소스 : 블로그 브랜딩, 본업과 연계한 블로그 운영

바람의색상님은 현재 부동산 업계에서 유명한 강사로 활동 중인데 강의와 카페 운영에 집중하면서 블로그는 크게 신경 쓰지 못하는 상황이었습니다. 제 강의를 듣고 블로그를 수익화 루트로 본격적으로 운영하려는 목표를 설정했고 저는 브랜딩에 대한 코칭, 본업과 연계한 블로그 운영 방안을 코칭했습니다.

1인 기업가로 이미 브랜딩이 잘 되어 있어 부동산을 주제로 다양한 채널을 운영 중이었지만 확실한 영향력을 발휘하는 대표적인 채널이 없었습니다. 그래서 블로그를 대표 채널로 설정하고 확실한 본인의 톤&매너를 구축하는 것이 급선무라고 판단했습니다.

<고급 코칭 수강생 '바람의색상님' 블로그 화면

(출처 : 바람의색상의 부스타그램)>

우선적으로 포스트 대표 이미지인 섬네일을 통일하면서 시각적인 효과를 높였고 부동산에 집중된 내용을 좀 더 포괄적으로 다루면서 투자·재테크 분야도 추가했습니다. 이로써 방문자 유입 증가와 본업 홍보 수단으로 이용할 수 있었습니다.

또, 이미 업계 강사로 활동하고 있어 다수의 팬이 있었지만 상위 노출에 의한 방문자 유입은 적은 상태였기 때문에 로직에 맞는 글쓰기로 새로운 팬을 확보하는데 주력했습니다. 기본적인 내용은 핵심 정보가 좋았기 때문에 이를 독자가 받아들이기 쉽게 정제해 글을 쓰면서 가독성을 높이는 것을 우선적으로 코칭했습니다. 현재 블로그 브랜딩이 잘 이루어지고 있으며 본업과의 연계도 훌륭하게 이어지고 있는 상황입니다.

모두 블로그를 시작하면서
얻은 것이었습니다

제게 있어 블로그는 삶을 바꿔준 마법 상자였습니다. 희망 없이 암흑 같던 제 인생에서 한 줄기 빛처럼 '너도 노력하면 올라갈 수 있어!'라고 응원해 주는 든든한 친구였습니다.

월급 150만 원 받던 계약직에서 이제는 어엿한 연봉 1억의 부업 마스터가 될 수 있었던 것도, 인플루언서라는 모두가 부러워하는 멋진 감투를 쓸 수 있었던 것도, 모두 블로그를 시작하면서 얻은 것이었습니다.

아직도 '재테크 카페에서 블로그로 돈 벌고 있다는 글을 보지 않았다면 어떻게 되었을까?'라는 생각을 가끔 합니다. 그랬다면 여전히 주어진 일을 성실히 하는 직장인으로 정해진 루틴 속에서 무료한 삶을 이어 갔을지도 모릅니다. 물론 얇은 주머니 사정에 속상해하며 한숨을 쉬면서 생각하겠지요. 지금 이 월세에서 어떻게 탈출할 수 있을지, 내 집 마련은 할 수 있을지, 출구 없는 기다란 터널 속에 있다고 느꼈을 겁니다.

하루에 글 하나만 꾸준히 썼을 뿐인데 놀랍게도 주식, 재테크, 블로그 강의를 하는 강사가 됐습니다. 지금도 부자는 아니지만 블로그 덕분에 이뤄낸 것이 참 많습니다. 어엿한 내 집 마련과 애드포스트로 받은 시드머니로 주식 투자라는 것도 해보고, 그 사이 사랑스러운 아이도 태어나 꿈에 그리던 육아도 하게 되었습니다.

제 글에는 유난히 시대 흐름에 고통받는 젊은 친구들의 댓글이 많습니다. 당장 무엇을 해야 할지, 어떤 직업을 가져야 하는지 모르면서 가난과 싸우고 있는 이들에게 저는 자신 있게 하루 1시간만 투자해서 블로그에 글을 쓰라고 말해주고 있습니다. 저는 이런 분들께 진짜 제 삶을 바꿔준 블로그를 제대로 알려주고 싶어 이 책을 쓰게 되었습니다.

책 사볼 돈도 아까워 도서관에서 처음 빌렸던 블로그 수익화 책은 핵심 소스가 빠져 있어 도움이 되지 않았고 유튜브 무료 강의도 저 같은 초보자에게는 어렵게만 느껴졌습니다. 그래서 이왕이면 저 같이 아무것도 모르는 초보에게 지침서가 될 수 있을 만한 책을 한 권 써보자는 생각으로 집필을 시작했습니다.

4년 동안 제가 직접 연구하면서 알게 된 비법과 소위 '카더라' 정보도 알음알음 알게 된 블로그 지인들에게 물어보고 실험한 후 모두 확인해 이 책에 담았습니다. 그래서 누구라도 이 책만 읽어보면 쉽게 글을 쓸 수 있고 수익화에 도전할 수 있는 동기를 심어 주고 싶었습니다.

그만큼 자신 있게 말할 수 있습니다. 누구도 따라 하지 않고 제 지식과 의지로 뚝심 있게 쓴 이 책을 이제 세상에 내놓습니다. 내 밥그릇 챙기겠다고 두루뭉술하게 서술하지 않고 제 경험과 지식을 온전히 담은 책이라 자부하니 저처럼 현재의 삶의 변화가 절실하신 분에게 꼭 도움이 되고 용기를 주었으면 좋겠습니다.

이 책을 읽는 모든 분의 삶이 희망으로 바뀔 수 있도록 재테크하는 제인이 응원합니다.

마지막으로 언제나 저를 최고라 칭해주며 편하게 글 쓸 수 있게 도와준 고마운 남편 우영균과 사랑하는 아들 우제준, 그리고 제 글에 제일 먼저 하트 눌러 주시는 존경하는 부모님과 가족들에게 이 책을 바칩니다.

월급은 150만 원이지만
연봉은 블로그로 1억입니다

초판 1쇄 발행 2023년 3월 13일
초판 5쇄 발행 2024년 1월 22일

지은이 재테크하는제인
발행인 정진욱
편집인 윤하루
디자인 서승연

발행처 라디오북
출판등록 2018년 7월 18일 제 2018-000161호
주 소 (07299)서울시 영등포구 경인로 775
전 화 0507-1360-8765
팩 스 050-7078-8765
이메일 hello.radiobook@gmail.com

©재태크하는제인 2023

ISBN   979-11-90836-82-1(13320)

값   20,000원

*라디오북은 라디오데이즈의 출판 전문 브랜드입니다.